AF453266

# MANUEL

DES

JURÉS.

# MANUEL DES JURÉS

## OU

# LETTRES INSTRUCTIVES

### SUR LE NOUVEAU JURY FRANÇAIS,

*La manière de le former et le convoquer, et sur les fonctions et les devoirs des Jurés.*

Par J.-L. DAUVIN,

Assesseur au Tribunal des Douanes, Administrateur de l'Hospice civil à Brest, et Membre correspondant de la Société académique des Sciences et Arts de Paris.

**La mission des Jurés n'a pas pour objet la poursuite ni la punition des délits; ils ne sont appelés que pour décider si l'accusé est ou non coupable du crime qu'on lui impute.**

*Extrait de l'instruction qui doit être affichée dans la chambre des Jurés.*

## A BREST,

### DE L'IMPRIMERIE DE F.-M. BINARD.

### 1811.

### AVEC AUTORISATION.

# DÉDICACE.

A Monsieur **BOUVIER-DUMOLART**, Auditeur au Conseil d'État, Préfet du département du Finistère.

## Monsieur le PRÉFET,

Vous avez eu la bonté d'approuver ces lettres sur le nouveau Jury français, la manière de le former et de le convoquer, et sur les fonctions et les devoirs des Jurés : à qui pourrai-je en offrir plus justement l'hommage qu'au Magistrat qui, depuis que j'ai eu le bonheur d'être connu de lui, m'a comblé constamment des marques honorables d'une bienveillance et d'une estime particulières.

La reconnaissance, Monsieur le Préfet, m'impose
le devoir de vous prier d'en accepter la Dédicace. Je
remplis ce devoir avec d'autant plus de plaisir, qu'en
paraissant sous vos auspices , mon opuscule obtiendra,
j'en suis sûr, une partie de la faveur dont vous daignez
m'honorer.


Je suis avec respect,


Monsieur le PRÉFET,


Votre trés-humble et trés-obéissant
Serviteur,


## DAUVIN,

*Assesseur du Tribunal des Douanes , Membre
correspondant de la Société académique
des Sciences et Arts de Paris.*


c

# AVERTISSEMENT.

UN ouvrage extrêmement utile serait celui
qui, en matière criminelle, donnerait le plus
de moyens de connaître la vérité. Beaucoup
d'Auteurs ont écrit dans cette intention, mais
leurs ouvrages sont peu répandus. Les personnes qui, par état, devraient le plus s'occuper de les lire, sont, en général, celles
entre les mains desquelles on les voit le moins.
D'ou naît cette indifférence? C'est qu'on ne
songe, pour l'ordinaire, qu'à la fortune, et
que l'égoïsme qui en est le résultat, étouffe,
presque toujours, le sentiment de l'humanité.

En offrant cet opuscule au public, ferai-je
changer l'opinion à cet égard? je suis loin
de m'en flatter, et bien plus loin encore d'en
avoir eu la pensée.

Cependant, comme il est des ames honnêtes pour lesquelles l'amour de nos semblables n'est pas un vain mot, c'est en leur
faveur, que j'ai sacrifié, avec plaisir, quelques heures de mes délassements.

Persuadé qu'une instruction simple, facile,
et mise à la portée de tous les esprits, sur
les fonctions et les devoirs des Jurés, ne pour-

rait qu'être agréable à tous, surtout en ce
moment, j'ai étudié avec soin le nouveau
Code d'instruction criminelle, et j'ai écrit
ces lettres.

On n'y trouvera rien d'extraordinaire, rien
qui prouve le talent d'un écrivain exercé.
Ce n'est point là le but que je me suis proposé en les composant.

Que l'homme probe, que l'homme sensé
y découvrent quelques principes sages dont
ils puissent, au besoin, faire une heureuse
application, et mes désirs seront satisfaits.

En lisant ces lettres adressées à un ami,
on s'appercevra, sans doute, que je n'ai pas
eu la prétention de les tirer de mon propre
fonds, et l'on m'en saura peut-être quelque gré
lorsqu'on remarquera qu'elles ne sont qu'un
extrait des écrits d'hommes justement recom-
mandables par leur profonde science et la
douceur de leurs principes philantropiques.

C'est à l'étude de ces écrits que je dois le
peu que je sais en jurisprudence criminelle.
Daguesseau, Dupaty, Servan, Beccaria,
Pastoret, Brissot-Varville et plusieurs
autres Criminalistes, anciens et modernes,
m'ont fourni ce qu'il y a de mieux dans cet
opuscule.

Les Jurisconsultes n'y apprendront rien
de nouveau, aussi n'est-ce pas pour eux que

ce travail a été entrepris. Je l'ai uniquement
destiné à ceux de mes concitoyens qui, appelés à remplir les fonctions délicates de
Jurés, et n'ayant point le temps de lire les
nombreux et savants ouvrages publiés sur les
matières que je me propose de traiter, dé-
sireront néanmoins, s'instruire de l'étendue
de leurs fonctions, et de l'importance de
leurs devoirs.

———

# MANUEL DES JURÉS.

## LETTRE PREMIÈRE.

*DU JURY ET DE LA MANIÈRE DE LE FORMER.*

DESTINÉ à devenir Juré de jugement, vous désirez, me dites-vous, Monsieur, connaître cette institution, et vous mettre à même de remplir, en homme d'honneur, les fonctions délicates auxquelles vous pouvez être appelé, vous me demandez, en conséquence, un travail étendu sur cette matière.

La tâche que vous m'imposez est difficile : mais puisque vous l'exigez, je vais essayer de vous faire part de mes idées à ce sujet.

Ce travail ne sera point entièrement de moi, il est, je vous l'avoue, beaucoup trop au dessus de mes forces. Pour vous l'offrir, j'extrairai des meilleurs auteurs, tant anciens que modernes, ce qu'ils ont dit de plus satisfaisant sur les matières que j'aurai à traiter, et je ferai mon possible pour en former un tout régulier.

L'institution du Jury n'est pas nouvelle en France ; et ceux qui prétendent que nous l'avons puisée dans le Code de la grande Bretagne sont évidemment dans l'erreur. Avant d'être rétablie par la célèbre assemblée constituante, cette forme de juger a été long-temps usitée parmi nous. L'histoire des premiers temps de notre monarchie en offre un grand nombre de preuves. Cette institution est, en Angleterre, et chez les Américains, le Palladium de la Liberté, et la meilleure sauvegarde des citoyens de ces États ; il faut espérer, qu'en France, elle aura les mêmes avantages.

Comme toute discussion sur son utilité ou son inutilité serait oiseuse désormais, puisque le Gouvernement a jugé nécessaire de la maintenir, je ne m'attacherai qu'à vous développer l'intention de notre Souverain en la conservant.

Depuis long-temps il était reconnu que la facilité que l'on avait de prendre les Jurés dans toutes les classes de la société était, non seulement vicieuse, mais même fort dangereuse. Le coupable adroit échappait aisément à la peine, et l'innocence timide était souvent la victime des pièges dont on environnait le Jury. Sous le prétexte que le prévenu ne pouvait etre jugé que par ses pairs , des hommes sans aucune espèce d'éducation, et n'offrant aucune garantie ou responsabilité morale, siégeaient sur le fauteuil des Jurés, et, là, suivant l'impulsion qu'ils avaient reçue , ou qu'ils recevaient même à l'audience, ils acquittaient ou condamnaient souvent, sans avoir une idée exacte de l'affaire qui avait été discutée et plaidée devant eux.

Il faut en convenir, nos Législateurs de 1791, en n'écoutant que leur philantropie, avaient été beaucoup trop loin à cet égard.

En effet, on n'a jamais pu réellement s'imaginer que des hommes complettement illettrés pussent être de bons juges du fait, et l'expérience ne l'a que trop prouvé. Aussi mille réclamations se sont-elles élevées de toutes les parties de l'empire , et ont déterminé les changemens qu'on remarque dans la nouvelle loi du 17 novembre 1808.

Grâces à l'homme universel qui tient dans ses mains les rênes du Gouvernement, les jurés ne seront pris désormais que dans la classe des citoyens susceptibles d'exercer un aussi beau ministère. Ainsi, Monsieur, les jurés offriront, à l'avenir, une garantie d'instruction et de moralité qu'ils étaient bien loin de présenter, avant cette loi réformatrice.

Pour être juré, il faudra non seulement être âgé de trente ans accomplis, mais encore faire partie

1.º Des Membres des colleges électoraux;

2.º Des Fonctionnaires de l'ordre administratif, à la nomination de l'Empereur;

3.º Des trois cents plus imposés, domiciliés dans le département;

4.º Des Docteurs et licenciés de l'une ou de plusieurs des quatre facultés de droit, médecine, sciences et belles lettres, et des Membres et Correspondans de l'institut et des autres Sociétés savantes reconnues par le Gouvernement.

5º. Des Notaires;

6º. Des Banquiers, Négocians et Marchands payant Patente de l'une des deux premières classes;

7º. Enfin des Employés de l'administration jouissant d'un traitement de quatre mille francs au moins.

Telles sont les personnes que la nouvelle loi désigne spécialement. C'est dans les classes précitées que le Préfet du Département aura la faculté de choisir les soixante individus dont il devra adresser la liste aux présidens de la cour d'assises, ou de section, aussitôt qu'il en aura été requis par eux. Cependant tout autre citoyen que ceux indiqués ci-dessus, qui désirera être admis à remplir les fonctions de Juré, pourra s'il le demande au Préfet, être compris dans la liste.

Le Ministre de l'intérieur n'accordera néanmoins d'autorisation à cet égard, qu'autant que cet administrateur aura pris des renseignemens avantageux sur le compte du requérant, et les lui aura transmis.

Le Préfet pourra, même d'office, faire cette proposition.

Vous le voyez, Monsieur, toute personne probe, ayant des lumières, âgée de trente ans accomplis, et qui voudra être Juré, pourra le devenir par l'une ou l'autre de ces deux dernières voies.

Celui qui dans une affaire, aura été officier de Police judiciaire, témoin, interprête, expert ou partie, ne pourra plus en connaître comme juré, à peine de nullité.

Les fonctions de Ministre, Préfet, sous-Préfet, Juge, Procureur-général et impérial, celles de Substitut près une cour ou un tribunal, et de ministre d'un culte quelconque, sont incompatibles avec celles de Juré.

Les Conseillers d'état chargés d'une partie d'administration, les Commissaires impériaux près les administrations ou régies et les septuagénaires seront dispensés de les exercer, s'il le requièrent.

La liste composée de soixante individus non exemptés par la loi, et fournie par le Préfet aux présidens de la Cour d'assises, ou de section sera, dans les vingt-quatre heures, à compter du jour de sa réception, réduite par ces derniers au nombre de trente-six, et pareillement dans les vingt-quatre heures du jour de la réduction, le président de la cour d'assises ou de section, sera tenu de la renvoyer au Préfet qui la fera parvenir, par extrait, à ceux qui auront été choisis.

Huit jonrs au moins avant celui où la liste devra servir, l'extrait de cette liste constatant que son nom y est porté, sera notifié à chaque juré par le Préfet. Cette notification indiquera le jour, et en outre, contiendra sommation de se trouver au jour indiqué, sous les peines établies par le code.

Si la notification n'a pu être faite à la personne même, elle sera faite à son domicile, ainsi qu'à celui du maire ou de l'adjoint du lieu. Celui-ci sera tenu de lui en donner connaissance.

Combien cette manière de procéder n'est-elle pas préférable à la précédente !

D'abord, la négligence que l'on apportait
dans

dans la formation des listes des Jurés ne pourra plus avoir lieu. On n'y verra point figurer des hommes ou flétris par des banqueroutes frauduleuses, ou morts depuis long-temps.

Ensuite, la personne portée sur la liste du Président de la Cour d'assises, ne pourra plus prétexter d'ignorance; les mesures que le Préfet sera obligé de prendre pour s'assurer que la notification de sa nomination a été faite au juré, lui en garantiront la réalité.

Une fois nommé, et dès que sa nomination lui aura été notifiée, le Juré absent, ne sera déclaré excusable, qu'autant qu'il prouvera qu'il était dans l'impossibilité de se rendre au jour fixé pour la tenue des assises.

Je vous parlerai, dans la lettre suivante, de la condamnation des Jurés absens et de la forme de procédure qui aura lieu à ce sujet.

Un des avantages de la réforme actuelle du jury, est que nul citoyen compris dans les classes que nous avons citées, ne pourra, sans inconvénient pour lui, s'exempter désormais des fonctions de Juré, sans une excuse reconnue valable ; puisqu'aucune personne âgée de plus de trente ans ne sera admise aux places administratives et judiciaires, si elle ne prouve par un certificat de l'Officier du ministère public près la Cour d'assises, dans le ressort de laquelle elle aura résidé, qu'elle a satisfait aux réquisitions qui lui ont été faites, toutes les fois qu'elle a été inscrite sur une liste de Jurés, ou que les excuses par elle proposées ont été jugées valables, ou qu'il ne lui a été fait aucune réquisition.

Toute pétition relative à ces différentes places, qui ne serait point accompagnée de certificat, par ce motif seul, sera de plein droit rejetée.

C'est donc une obligation que la loi impose à chacun; et cette loi est d'autant plus sage qu'on y voit clairement l'intention du Législateur de ne point confier à une seule classe privilégiée, un ministère aussi beau qu'il sera honorable pour ceux qui le rempliront avec la dignité et l'impartialité qui lui conviennent.

Enfin, l'on n'aura plus à craindre, comme autrefois, d'être souvent déplacé dans la même année. Les articles 390 et 391 du nouveau Code d'instruction criminelle, sont positifs à cet égard.

Le Juré, qui aura comparu, verra s'écouler les trois autres sessions au moins, avant de pouvoir être légalement appelé : et s'il ne consent pas à une nouvelle nomination dans l'année, il lui suffira de prouver, par la notification qui lui aura été faite, qu'il est dans le cas prévu par le dernier des articles mentionnés plus haut.

Mais, aussitôt qu'on aura été légalement sommé, il sera d'autant plus important d'obéir

1.º Qu'en adressant les nouvelles listes des Jurés au Grand-Juge Ministre de la Justice, les Préfets devront y joindre la note de ceux qui, portés sur la liste précédente, n'auront point satisfait aux réquisitions;

2º. Que le Grand-Juge sera tenu de faire tous les ans un rapport à l'Empereur sur la manière dont ce devoir aura été rempli.

Les fonctionnaires publics devront, surtout, y porter plus d'attention que tout autre; parce que, dit la loi, si ayant été appelés comme Jurés, ils n'ont point répondu à cet appel, le Préfet sera obligé de les indiquer, particulièrement, dans la note qu'il fera parvenir au ministère de la Justice.

Quelles plus fortes preuves peut-on exiger de l'importance que Sa Majesté attache à l'exécution pleine et entière de cette loi? Il en est une, Monsieur, qui les surpasse toutes; c'est la réservation qu'a faite l'Empereur par le dernier paragraphe de l'article 391, déjà cité, de donner aux Jurés qui auront montré un zèle louable, des témoignaes honorables de sa satisfaction.

Voilà ce qui concerne le jury et la manière de le former.

Je n'ai fait que vous développer le texte : apprenez-moi si j'ai réussi, comme je le désire, à vous le rendre clair et facile. Je continuerai alors, avec plaisir, un travail satisfaisant et pour vous et pour moi.

Je suis, etc.

## LETTRE II.

### DE LA MANIÈRE DE FORMER ET DE CONVOQUER LE JURY.

Vous le voulez, Monsieur, je reprends la plume et vais, pour vous complaire, donner suite à mes observations.

Vous avez senti, me dites-vous, les avantages que doivent procurer aux accusés la nouvelle organisation du jury et la manière de le former. Il en est encore plusieurs dont je ne dois pas omettre de vous parler.

Le nombre de douze Jurés, dit l'article 393 du nouveau code d'instruction, est nécessaire pour former le Jury. Cet article ne change rien à ce qui existoit déjà ; mais une réforme importante est celle opérée par l'article 394 de la même loi.

Cet article porte que la liste des Jurés sera notifiée à chaque accusé la veille du jour déterminé pour la formation du tableau : et, il ajoute, cette notification sera nulle ainsi que tout ce qui aura suivi, si elle est faite plutôt ou plus tard.

Il est évident que par ce moyen on se

rapproche plus immédiatement d'une des idées primitives dans la composition du Jury, je veux dire du secret sur la nomination des Jurés.

Il faut en convenir, ce secret était bien mal gardé, puisque l'accusé connoissait souvent, quinze jours avant son jugement, les noms de ceux qui devaient prononcer sur son sort. Dès lors, la porte était ouverte à tous les genres de séduction et de corruption; des exemples, malheureusement trop fréquens, ont donné à connaître combien ce mode était désastreux pour la société.

Celui adopté n'offre pas les mêmes désavantages. La liste des Jurés qui devront concourir à former le tableau n'étant connue des accusés que la veille du jour où ces Jurés devront être rendus, il sera bien moins facile aux parents ou aux amis des prévenus, de les circonvenir. D'ailleurs, quand bien même on apprendrait plutôt que tel ou tel individu est appelé comme Juré, l'incertitude de savoir ceux qui seront conservés ou rejetés, empêchera nécessairement toute démarche tendante à solliciter leur bienveillance ou leur faveur.

Les Jurés convoqués seront tous tenus de se rendre au jour indiqué dans le lieu où devra siéger la Cour d'assises. Dans tous les cas, si ledit jour il y a moins de trente Jurés présens, non excusés ou non dispensés, le nombre de trente sera complété par le Président de la Cour. Ces Jurés seront pris publiquement et par la voie du sort, parmi les citoyens désignés dans l'article 282, résidans et domiciliés dans la commune où la Cour tiendra.

Nous voici arrivés aux peines dont seront passibles les non-comparans sans excuse valable. Ces peines atteindront non seulement ceux qui n'auront point obéi à la citation qui leur aura été notifiée, mais encore ceux qui s'étant rendu à leur poste, se seront retirés avant l'expiration de leurs fonctions.

Tout Juré, suivant les articles 396 et 398, qui sera absent le jour de la formation du tableau, sera condamné par la Cour d'assises à une amende qui sera,

pour la première fois, de. . . . . . . 500 fr

pour la seconde fois, de. . . . . . . 1000

pour la troisième, de. . . . . . . . 1,500

cette troisième et dernière fois, l'absent sera de plus déclaré incapable d'être Juré à l'avenir, et l'arrêt qui interviendra, sera imprimé et affiché à ses frais. Dans tous les cas, le nom du Juré condamné sera envoyé au Préfet, pour être compris dans la note prescrite par l'article 391.

Ces peines sont fortes : elles étaient cependant nécessaires pour réveiller l'insouciance, stimuler la paresse et forcer l'égoïsme à se soumettre à la volonté de la loi. Au surplus elles ne péseront que sur ceux qui n'auront aucune espèce d'excuses à présenter à la Cour, ou dont les excuses auront été reconnues frivoles et invalides.

L'article 399 et les suivans, ne traitant que des moyens à employer pour l'exercice des récusations, tant de la part de l'accusé que de celle du Procureur-général, et n'ayant aucun rapport direct avec notre sujet, je les passe sous silence, et je me hâte d'arriver au numéro 405 du code.

Les douze Jurés qui resteront après les récusations épuisées formeront alors, selon cet article, le tableau du Jury, et l'examen de l'accusé commencera immédiatement.

Si, par quelque événement, cet examen une fois commencé sur les délits ou quelques uns des délits mentionnés dans l'acte ou dans les actes d'accusation, se trouve suspendu ou renvoyé à la session suivante, l'article 406 enjoint de procéder à de nouvelles récusations, et à la formation d'un

nouveau tableau de douze Jurés, conformément aux règles établies précédemment,
à peine de nullité.

Jusqu'à ce moment, il n'a été question
que du Jury, et de la manière de le former
et de le convoquer. Nous allons nous occuper
maintenant, des fonctions délicates et des
devoirs sacrés que les Jurés auront à remplir.
Vous me priez de vous les tracer; je tremble
de le faire. Quoique déjà traitée, cette matière
n'en est pas moins difficile.

Comment, en effet, reconnaître l'innocent
du coupable, à travers les nuages dont la
vérité est si souvent enveloppée? Comment
pouvoir, avec certitude, punir l'un et sauver
l'autre? Quelle règle faudra-t-il suivre pour
ne pas se tromper? Beaucoup d'auteurs pro-
fonds dans la science du droit criminel ont
écrit sur ce sujet, et pas un n'a dit :

« Voilà la marche que vous devez prendre,
» la route qu'il vous faut parcourir, pour être
» sûr de ne pas vous égarer. »

Tous se sont bornés à des conseils plus
ou moins sages, mais tous ont redouté de
donner comme positives et immuables des
règles sujettes à varier dans une infinité de
circonstances.

Quand des Jurisconsultes célèbres ont

ainsi parlé, que devrais-je faire, moi qui ne
suis encore qu'un de leurs faibles élèves? ....
Me taire, et quitter la plume serait, sans doute,
le parti le plus prudent. Mais le sentiment
qui m'attache à vous est si fort, vous me
pressez d'ailleurs si vivement, que, dût-on
me taxer d'un amour propre sans bornes,
je ne saurai cependant vous résister.

Je vais donc réunir tous mes efforts pour
répondre, le moins mal possible, à vos questions ; et, pour vous rendre mon travail plus
facile, je le diviserai en plusieurs chapitres,
dont chacun sera le motif d'une lettre par-
ticulière.

Combien je serai heureux si, au retour
de l'une des sessions de la Cour d'assises de
votre Département, vous pouvez m'assurer
qu'en mettant à profit les moyens que je me
propose de vous développer, vous avez purgé
la société d'un scélérat, ou dérobé une victime à la méchanceté de ses accusateurs! ...

Que je me réjouirai alors d'avoir entrepris
cette tâche!

Avec quelle satisfaction, enfin, ne me
dirai-je pas :

Et moi aussi, j'ai payé la dette que tout
bon citoyen doit acquiter ; j'ai servi, à la fois,
et ma patrie et mes semblables!

# LETTRE III.

## DE L'EXAMEN.

JUSQU'ICI, Monsieur, nous ne nous sommes entretenus que d'objets d'un bien faible intérêt, comparativement à ceux que vont captiver *notre attention.*

Supposons que vous ayez été appelé et non récusé, comme Juré ; il s'agit maintenant, pour vous, d'exercer ce ministère auguste avec les qualités qui conviennent à un sujet fidèle, à un ami de ses semblables.

Pénétré de la sublimité de vos fonctions, souvenez-vous que vous allez prononcer sur l'honneur, ou peut-être même, sur la vie de l'un de vos concitoyens.

Songez-bien qu'un prévenu n'est pas coupable par cela seul qu'il est prévenu ;

N'oubliez pas, surtout, je vous en supplie, que pour déclarer un accusé convaincu, il faut qu'on vous aie produit, contre lui, des preuves plus claires que ne l'est, en un beau jour d'été, le soleil en plein midi.

L'on vous dira, sans doute, conformément

à la loi, que vous n'avez pas besoin, pour vous décider, de vous arrêter à tel ou tel genre de preuves, à tel ou tel nombre de témoins ;

Qu'il vous suffit d'écouter uniquement votre conscience.

L'on vous ajoutera, pareillement, que si cette dernière se prononce contre l'accusé, vous ne devez pas balancer à le déclarer coupable.

Gardez-vous, soigneusement, de vous attacher à la lettre de cette exhortation ; *c'est son esprit qu'il vous importe de saisir.*

Lorsqu'il sera question de l'instruction qui, d'après le troisième paragraphe de l'art. 342 du nouveau code, doit être affichée, en gros caractères, dans le lieu le plus apparent de la chambre des Jurés, je m'engage à vous démontrer qu'elle n'est point en opposition avec tout ce que j'aurai pu vous dire. Revenons actuellement aux premiers articles du code, relatifs à l'examen.

Au jour fixé pour l'ouverture des assises, la Cour ayant pris séance, les douze Jurés se placeront dans l'ordre désigné par le sort, sur des siéges séparés du public, des parties et des témoins, en face de celui qui sera destiné à l'accusé.

Ce dernier comparaitra libre et seulement accompagné de gardes pour l'empêcher de s'évader.

Le Président lui demandera son nom, ses prénoms, son âge, sa profession, sa demeure et le lieu de sa naissance.

Après ces questions, le Président avertira le conseil de l'accusé qu'il ne peut rien dire contre sa conscience ou contre le respect dû aux lois; et qu'il doit s'exprimer avec modération.

S'adressant ensuite aux Jurés, debout et à découvert, il leur tiendra le discours suivant :

« Vous jurez et promettez devant Dieu ét
» devant les hommes, d'examiner avec l'at-
» tention la plus scrupuleuse, les charges qui
» seront portées contre N. ; de ne trahir ni
» les intérêts de l'accusé, ni ceux de la so-
» ciété qui l'accuse; de ne communiquer avec
» personne jusqu'après votre déclaration ;
» de n'écouter ni la haine ou la méchanceté,
» ni la crainte ou l'affection ; de vous décider
» d'après les charges et les moyens de défense,
» suivant votre conscience et votre intime
» conviction, avec l'impartialité et la fermeté
» qui conviennent à un homme probe et
» libre. »

Chacun des Jurés appelé individuellement

par le Président, répondra, en levant la main, je le jure, à peine de nullité.

Immédiatement après, le Président avertira l'accusé d'être attentif à ce qu'il va entendre.

Il ordonnera au greffier de lire l'arrêt de la Cour impériale portant renvoi à la Cour d'assises, et l'acte d'accusation. Cette lecture sera faite à haute voix. Après cette lecture, le Président rappelera à l'accusé ce qui est contenu en l'acte d'accusation, et lui dira :

« Voilà de quoi vous êtes accusé; vous allez » entendre les charges qui seront produites » contre vous. »

Arrêtons-nous un moment. Quelle noblesse, quelle majesté dans ce début !....

Combien une semblable manière de procéder doit inspirer de respect au public et d'assurance au prévenu !.... Combien, surtout, ne doit-elle pas vous élever l'ame !...

En prêtant votre serment vous avez cessé d'être un homme ordinaire; et si, dans cette circonstance, vous tenez encore à l'humanité, ce n'est que pour en remplir le plus saint des devoirs.

Êtes-vous fortement persuadé qu'un accusé ne peut être déclaré convaincu qu'autant que l'on a présenté contre lui des preuves indubitables de son crime, prenez place, avec confiance, parmi les Jurés : mais si la prévention, ou quelques passions particulières se sont insinuées dans votre esprit ou dans votre cœur, tremblez d'avoir adopté une aussi redoutable fonction. Dès-lors vous ne serez plus libre, et quelque honnête que vous soyez, il sera presqu'impossible que votre opinion ne soit point influencée par l'une ou l'autre de ces causes.

Après avoir prêté une oreille attentive à la lecture de l'acte d'accusation et au résumé succint qu'en aura fait le Président, soyez en garde contre la première impression que vous en aurez reçue.

Plus le délit sera grave par sa nature, plus cette impression devra vous être suspecte.

Attendez, pour juger, qu'on vous offre des preuves certaines de l'existence du corps du du délit, et encore plus certaines de la culpabilité du prévenu. Pesez toutes les charges portées contre lui au pied du sanctuaire ; examinez scrupuleusement les témoins ; descendez, s'il vous est possible, jusqu'au fond de leurs cœurs ; interrogez leur moralité ; multipliez enfin toutes les questions qui pourraient tendre à la décharge de l'accusé : c'est le principal but de votre institution.

Les faits imputés au prévenu vous parais-
sent-ils douteux, ayez toujours présente à la
pensée cette maxime des sages :

Il vaut mieux laisser le crime impuni, que
de perdre un innocent.

Laissez dire ceux qui prétendent que l'impunité de plusieurs scélérats cause un plus
grand dommage à la société que ne le ferait
la perte d'un innocent.

Quand cela serait, Monsieur, ce qu'on est
bien éloigné de croire, le criminel non convaincu d'abord sera , selon la belle pensée
d'*Horace*, repris par la justice pour de nou-
veaux forfaits, et, alors, il subira les peines
qu'il aura encourues. Mais rendrez-vous jamais
l'honneur, la vie et les douces jouissances
qui l'accompagnent quelquefois, à l'infortuné
qui aura été condamné à l'infamie ou au
dernier supplice ?

Si vous trouvez enfin le crime constant,
si l'accusé vous paraît convaincu d'en être-
l'auteur, sûr d'avoir satisfait à la voix de votre
conscience, ne balancez plus : prononcez
votre opinion avec fermeté. Vous n'aurez rien
à vous reprocher quelque soit l'issue de votre
décision.

Telles sont, Monsieur, les observations que
j'ai cru devoir me permettre de vous adresser
avant

avant de passer à l'examen des différentes espèces de preuves en matière criminelle. Nous parlerons, dans la lettre suivante, de l'existence du corps du délit : car, si cette existence n'est pas prouvée, il ne saurait y avoir de conviction contre le prévenu ; nous examinerons ensuite les preuves en général ; nous traiterons en troisième lieu, de la confession de l'accusé ; la preuve testimoniale sera le sujet d'une quatrième lettre ; dans la cinquième, nous discuterons le mérit· de la preuve littérale , et par comparaison d'écriture : nous terminerons, enfin , cet essai sur les preuves en matière de crime , par celles résultantes des indices, des conjectures et des présomptions

Puissai-je vous convaincre , comme j'en suis convaincu moi-même, de la difficulté que doit éprouver l'homme juste et consciencieux , lorsqu'il se voit forcé d'asseoir son jugement sur des bases aussi fragiles.

# LETTRE IV.

## DE L'EXISTENCE DU CORPS DU DÉLIT.

En ne s'arrêtant qu'au titre, il paraîtrait que la matière de cette lettre dut être plutôt de la compétence des juges, que des jurés de jugement. En effet, d'après la suppression de l'ancien jury d'accusation, il y a tout lieu de présumer que des magistrats plus expérimentés, sous ce rapport, que de simples citoyens, et plus habitués à discerner et à reconnaître le crime, n'exposeront point leurs semblables aux désagrémens d'une procédure alarmante, même pour l'innocent, avant de s'être assurés de l'existence du délit. Mais la leçon du passé ne doit pas être perdue pour l'avenir, et, puisque l'on s'est trompé, qui peut garantir que l'on ne se trompera point?

Je me plais à croire que ces erreurs seront moins communes que jamais : il suffit cependant qu'elles soient possibles, pour ne pas négliger les moyens de les prévenir.

Gardez - vous donc d'écouter une fausse modestie ; et sans vous croire plus instruit que ceux qui auront examiné l'affaire, don-

sont bons, mais les exemples valent encore mieux.

On lit dans le recueil des Causes Célèbres, qu'un particulier ayant été arrêté pour cause d'assassinat , deux témoins déposèrent que pendant qu'ils se promenaient sur une éléva-tion qu'ils désignèrent , ils lui avaient vu com-mettre ce crime. Le Juge, pour s'assurer du plus ou moins de vérité de ces dépositions , se rendit, accompagné de plusieurs personnes à l'endroit même que ces témoins avaient indiqué et se convainquit, autant par ses propres yeux que par ceux des autres individus qui l'avaient suivi, de la fausseté de ces deux témoignages. L'accusé fut absous et les deux imposteurs punis.

On doit également ne pas perdre la mémoire du temps où des témoins déclarent que les délits ont été consommés. En voici la preuve.

Un autre individu était aussi prévenu d'as-sassinat. Le fait était constant ; les témoins, dans les divers actes de la procédure , avaient sans cesse maintenu qu'il en était l'auteur ; tout semblait enfin concourir à rendre la preuve la plus complète possible ; le juge seul avait des doutes, et le lendemain, l'affaire devait être jugée.

Depuis qu'il était chargé du rapport de cette procédure, l'air pensif et mélancolique de ce

Magistrat avait beaucoup frappé son épouse. En réitérant ses questions elle parvint à obtenir de lui la confidence des soupçons qu'il avait conçus et auxquels néanmoins il ne voyait lui-même aucun motif de fondement.

Le crime imputé au prévenu avait été commis de nuit, et tous les témoins affirmaient qu'ils avaient reconnu l'assassin au clair de la lune.

Entraînée par une inspiration subite, cette femme recourt à son almanach, et revient triomphante, prouver à son mari que, dans la nuit où l'on prétendait que l'accusé s'était rendu coupable, la lune ne pouvait avoir éclairé son crime, puisqu'elle ne luisait pas. Cette observation simple mais lumineuse dessilla complétement les yeux du rapporteur ; il s'assura auprès des hommes instruits de la vérité du dire avancé par son épouse, et le lendemain dévoila, avec énergie, à la Cour assemblée pour prononcer, la criminelle turpitude des faussaires.

Enfin, s'il existe malheureusement dans la société des êtres assez pervers pour boire l'iniquité à longs traits, il en est d'autres qui, par leur rang, sont tellement au-dessus du soupçon, que l'on ne doit admettre que difficilement contre eux toute espèce d'accusation. Un troisième exemple puisé pareillement dans le recueil des causes célèbres, ne vous laissera, je pense, aucun doute, à cet égard.

Le Marquis de *Sassy* s'était marié, et vivait en parfaite union avec son épouse. Poursuivi, l'on ne sait pourquoi, par la crainte chimérique d'être arrêté et embastillé, il se cacha quelque temps à *Paris*, et se détermina ensuite à se retirer à *Jersey* pour se dérober aux recherches que, suivant lui, on faisait de sa personne.

En conséquence, sans faire part de son dessein à qui que ce soit, le vingt-six décembre 1704, il fait, sous le nom supposé d'*Alexandre*, arrêter deux places pour lui et son valet de chambre dans le carrosse de *Bruxelles*. Il part le lendemain avec son domestique, et arrive à *Senlis*, pour le coucher. Là, il congédie son serviteur, prend la poste, et se rend à *Rouen* d'où il paraît qu'il fut se cacher à *Jersey*, toujours livré aux mêmes inquiétudes.

Le Sieur *de Villiars*, son beau-frère, qui n'avait vu son mariage qu'avec peine, parce qu'il craignait qu'il n'en survînt des enfans qui l'auraient nécessairement privé de son héritage, profita de son absence pour accuser la Marquise de *Sassy* de l'avoir fait assassiner. Sur la plainte qu'il en porte, cette Dame est arrêtée chez elle et avant d'entrer à la Bastille, promenée scandaleusement dans Paris. Quelque temps après, on la transfère de cette prison d'état dans celle du Châtelet.

Envain prouve-t-elle avoir reçu plusieurs lettres de son mari, depuis le moment de son arrestation ; envain son avocat fait-il valoir la bonne harmonie qui a toujours existé entre ces époux et l'intérêt qu'a l'accusateur dans son accusation. Pour détruire les témoignages produits contre elle, il ne lui faut rien moins que la présence du Marquis. Il reparaît alors pour confondre son avide beau-frère, et, après plus de six mois d'anxiétés de tout genre, cette infortunée victime de la calomnie, est enfin rendue à la liberté, à sa famille et à l'honneur.

Vous devez, Monsieur, juger par ces trois exemples de l'indispensable nécessité de la constatation du délit.

Non-seulement le corps du délit doit être constaté, mais il doit l'être dans le temps le plus rapproché du délit même. Cela suffit souvent, dit *Dupaty*, pour convaincre un coupable ; et, à cette occasion, il cite un exemple puisé dans *Tacite*.

« *Plautius Silvanus*, préteur, avait fait
» périr son épouse en la précipitant. Traduit
« par son beau-père devant l'Empereur *Ti-*
« *bère*, il répondit, tout troublé, que, pen-
« dant qu'il dormait, son épouse s'était
« précipitée elle-même. *Tibère*, sans hésiter,
» se rend à la maison de l'accusé, visite la
» Chambre où il trouve encore des traces
» de la violence faite à cette infortunée, et
» de la résistance qu'elle y avait opposée. Le
» coupable *Plautius* fut ainsi convaincu et
» puni bientôt après.

   » Quelques moments plus tard, continue
» ce savant avocat-général, l'état des lieux
» pouvait être changé, les traces du délit dis-
» paraître, et, faute d'autres preuves, l'im-
» punité assurée au coupable. »

   Ainsi plus le procès-verbal de constatation
du délit est éloigné de l'époque où ce délit
a été commis, plus il perd de sa force et
de son poids; et il arrive enfin un temps
où il ne saurait plus être d'aucune consi-
dération.

   Tel était le sentiment de l'immortel *Dagues-*
*seau* lorsque, dans l'affaire de la Pivardière,
en parlant des Juges qui étaient restés près
de quarante-cinq jours avant de dresser l'état
des lieux, il s'écriait avec une éloquence

digne des plus beaux jours de **Rome** et de
la Grèce : « où sont les recherches, les per-
» quisitions exactes, les procès-verbaux dres-
» sés par les juges dans le temps que le
» crime était nouveau, dans le temps qu'on
» pouvait en trouver encore des traces ré-
» centes ?... Juges ignorans, s'ils n'ont pas
» cru que cette démarche fut nécessaire,
» négligens, si c'est par oubli qu'ils ne l'ont
» pas faite ; prévaricateurs, si c'est à dessein,
» sachant bien qu'ils ne trouveraient jamais
» le corps et la réalité d'un crime imagi-
» naire ! »

Je ne saurais donc trop vous le répéter,
employez toutes les ressources de votre
esprit à la découverte d'une connaissance
aussi précieuse pour vous. Lisez, comparez,
rapprochez, surtout dans les crimes qui ne
peuvent être constatés et prouvés que par
les procès-verbaux des chirurgiens et médecins. De combien d'erreurs homicides ces
procès-verbaux ou ces rapports faits par des
hommes ignorans et présomptueux n'ont-ils
pas été la cause ?... Évitez par conséquent
ces mêmes erreurs par une lecture appro-
fondie et méditée.

Quand une fois vous aurez lus et relus
les procès-verbaux ou rapports des hommes

de l'art appelés pour constater le délit, si les preuves de son existence vous paraissent certaines, marchez à la découverte de son auteur, et n'oubliez pas que, dans ce nouvel examen, vous devez également apporter la plus sévère impartialité. Faites une entière abnégation des personnes pour ne vous occuper que du crime. Si la loi ne cherche point à trouver des coupables, la société ne veut pas non plus que les criminels échappent au châtiment qui doit les atteindre tôt ou tard.

Juré, éclairez vos concitoyens par la sagesse de vos décisions. Éloignez-vous principalement des extrêmes. Observer dans toutes les positions de la vie un juste milieu, c'est le propre du sage. Ce sera le vôtre, Monsieur, dans cette occasion solemnelle: j'en ai pour garants votre prudence et vos lumières.

# LETTRE V.

## DES PREUVES, EN GÉNÉRAL.

LES preuves, en matière criminelle, prises dans leur acception générale, ne sont autre chose que des actes légitimes par lesquels on démontre que le crime a été commis.

On en distingue de trois espèces auxquelles on a donné les noms de vocales, littérales et conjecturales.

Ces diverses preuves, suivant Paul *Risi*, savant Jurisconsulte milanais, sont divisées, par la plus grande partie des meilleurs Légistes, en pleines ou complètes, et en semi-pleines ou incomplètes.

La preuve pleine et complète est celle qui certifie un fait de manière à ne laisser aucun doute, et à fonder légitimement une sentence. Telle serait, par exemple, celle fournie par un prévenu arrêté par des personnes dignes de foi, et présentes au moment où il aurait commis un assassinat.

La semi-pleine ou incomplète est, d'après le même auteur, celle qui paraît confirmer le fait par des arguments ou par des indices. Mais ces argumens et ces indices ne sont pas toujours de nature à ce que l'accusé même qui y acquiesce puisse être condamné.

Ce qui n'est pas une pleine vérité, dit *Cujas*, est une pleine fausseté ; et comme on ne saurait concevoir de demi-vérités, on ne peut, de même, sans des inconvéniens graves, s'arrêter à des demi-preuves, en matière de délit.

Le Juré pénétré de ses devoirs, et jaloux de les remplir doit donc toujours avoir une certitude. De quelle nature maintenant cette certitude doit-elle être ? Sera-t-elle métaphysyque, physique ou morale ? elle devra être seulement morale, c'est-à-dire fondée sur la disposition d'esprit d'un homme assuré d'une proposition relative à l'existence d'un fait qui ne s'est pas passé sous ses yeux.

Ou le crime dont on poursuit la punition a laissé des traces, ou il n'en a point laissé.

Dans le premier cas, tel que dans le vol avec effraction, l'incendie, l'assassinat et beaucoup d'autres, il ne vous sera pas difficile soit par l'examen approfondi des procès-verbaux dressés immédiatement après, soit par l'aspect des ruines encore fumantes de la maison incendiée, soit enfin par la représentation du cadavre, de vous convaincre de la réalité de l'accusation.

Dans le second cas, cette conviction ne sera point, je l'avoue, aussi facile à acquérir. Comme le crime ne laisse alors aucune marque après lui, vous n'aurez bien souvent, Monsieur, pour fixer votre opinion que des temoignages plus ou moins exacts, plus ou moins concordants, ou seulement des indices, des conjectures et des présomptions. Usez alors de toute votre perspicacité afin de ne pas vous décider trop légèrement. Il serait possible, en effet, que le crime ne fût qu'imaginaire, ainsi qu'il l'était dans l'affaire de la Marquise de *Sassy*.

« Règle générale, dit *Duparc-Poulain*, tome onze de ses principes: « lorsque le » corps du délit ne se trouve pas, il faut » des preuves évidentes qui aillent, en quel- » que sorte, jusqu'à pouvoir dire qu'il est im- » possible que le crime n'ait pas été commis. »

Tel doit être le caractère de la certitude que vous devez acquérir. Tant que vous ne l'aurez point acquise, il suffit que la non-existence du délit soit possible pour que vous ne soyez jamais convaincu.

En effet, si aucune loi n'autorise la punition de l'innocent, s'il faut, pour baser une accusation quelconque, des preuves pleines et complètes; quel est l'homme qui, sans les avoir, osera déclarer que le crime est certain, et que le prévenu en est l'auteur ? Ce ne sera point vous, Monsieur : la pureté de vos principes m'est trop connue pour craindre de votre part une erreur aussi condamnable.

En vain vous dira-t-on j'ai vu.... j'ai entendu... ne vous en rapportez pas uniquement aux témoignages ainsi fondés sur les sens. Quoique l'on doive en général beaucoup de croyance à ceux qui déposent de cette manière, cette preuve n'est pourtant pas toujours infaillible. Il est très-démontré que nos sens sont sujets à l'erreur. En voici un exemple.

Un particulier avoit un voisin fort honnête homme, mais que, depuis long-temps, il voulait perdre. Pour y parvenir, il feint d'en être volé, et aposte en conséquence deux personnes avec invitation d'observer ce qui se passera depuis telle heure de la nuit jusqu'au jour suivant. Ses batteries étant bien préparées, à minuit, par un beau clair de lune, il fait paraître tout-à-coup un homme de paille. Ce prétendu voleur est vu sur le toit, et enjambant la fenêtre d'un grenier. On l'introduit dans cet appartement et on l'en fait sortir quelque temps après. Les témoins apostés, observent tout dans le silence, et demeurent pleinement convaincus de la réalité du vol. Cités devant le juge ils comparaissent, et déposent tous deux affirmativement de ce qu'ils ont vu. Jamais aucune vacillation dans leurs rapports parfaitement conformes, soit en présence, soit hors la présence de l'accusé. C'en était fait du malheureux voisin : il allait être sûrement la victime de cette odieuse machination, lorsqu'elle fut heureusement découverte par l'indiscrétion même de celui qui l'avait tramée.

« Quoiqu'il en soit, ce *medium* étant le
» seul, dit *Brissot-Varville*, que le ciel nous
» ait accordé, il faut en user; car, autrement,
» on resterait dans une éternelle incertitude.

» Même vice, ajoute-t-il, pour le témoignage
» des hommes, ou plutôt celui-ci en a un
» double : puisque d'abord il dépend du pre-
» mier qui n'est pas certain, et qu'à cette
» incertitude il faut ajouter celle qui tire de
» son propre fond.

Il existe néanmoins, continue-t-il, des ca-
» ractères au moyen desquels on peut s'ap-
» puyer sur ce dernier témoignage. Quand
» ils sont marqués au coin de l'évidence
» morale et qu'ils sont assez nombreux pour

former

» former un faisceau imposant de lumières,
» il en résulte un corps de preuves complet.
» De là naît la certitude morale, c'est-à-dire
» ce jugement qui entraîne l'adhésion invin-
» cible au fait que l'on a découvert. ».

Attachez-vous donc, Monsieur, à vous procurer cette certitude. Elle est, je viens de vous le prouver, fondée en totalité sur les preuves. Mais ces preuves peuvent être quelquefois douteuses et incertaines, gardez-vous alors de vous y livrer. C'est le sage conseil que vous donne un des plus grands Monarques et des plus illustres Législateurs de notre glorieux Empire. Écoutons-le :

« Qu'un juge, dit le grand *Charlemagne*,
» ne condamne jamais qui que ce soit sans
» être sûr de la justice de son jugement ;
» qu'il ne décide jamais de la vie des hommes
» sur des présomptions ; qu'il s'assure de l'é-
» vidence de la preuve et ensuite qu'il pro-
» nonce. Ce n'est pas celui qui est accusé
» que l'on doit regarder comme coupable,
» mais celui qui est convaincu. Il n'existe
» rien de si dangereux et de si injuste que
» de hazarder un jugement sur des con-
» jectures.

» Toutes les affaires où la preuve consiste
» en indices, et ne produit qu'un doute,

» doivent être reservées au souverain ju-
» gement de Dieu. »

Que vous dirai-je à la suite d'une aussi noble et aussi touchante exhortation? rien, sans doute. Tout ce que je pourrais y ajouter ne ferait qu'affaiblir la vivacité de l'impression qu'elle a dû vous causer. Je garderai donc prudemment le silence.

Nous examinerons, dans la lettre prochaine, le dégré de confiance qu'on doit accorder à la confession de l'accusé. Ce sujet mérite d'être approfondi. Faute de l'avoir fait, de nombreuses victimes ont été immolées sur l'autel de la prévention. Fasse le ciel que vous n'ayez point un jour à vous reprocher d'aussi fatales méprises!....

---

# LETTRE VI.

## DES PREUVES, EN PARTICULIER.

~~~~~~~~~~~~~~~~~~~~~~~~~

### PREUVES VOCALES.

#### De la Confession de l'Accusé.

---

L A Confession de l'Accusé, soit judiciaire, soit extra-judiciaire, doit-elle, seule, suffire pour opérer la conviction de sa culpabilité?

De savants Jurisconsultes ont soutenu l'affirmative, sur cette question : il paraît, néanmoins, que l'opinion contraire a prévalu comme plus conforme à la raison et à l'humanité.

Vainement a-t-on prétendu que la preuve résultante de cette confession était plus forte que la preuve littérale ou testimoniale ;

Que non-seulement un accusé pouvait être condamné sur sa confession, sans autre preuve, mais encore, qu'après l'avoir entendue, le juge ne devait plus entrer en connaissance de cause, et qu'il ne lui restait plus qu'à sévir ;

Que, même dans le doute, on devait
~~~~~~~~~~~~~~~~~~~~~~~~~

toujours considérer la confession comme vraie, et dictée par les remords d'une conscience bourelée, parce que nul n'est présumé assez insensé pour mentir contre soi-même ;

Il a été démontré que de telles prétentions étaient mal fondées, et des exemples multipliés ont prouvé que lorsque l'une ou l'autre de ces confessions n'était point corroborée par d'autres preuves, elle ne pouvait, seule, déterminer la conviction.

En effet, l'aveu de l'accusé n'est qu'un flambeau qui commence à éclairer le juge dans la recherche du crime, qui le met en état de le découvrir et d'en convaincre pleinement et complètement le criminel. Revenons par conséquent aux principes.

Ou le corps du délit existe, ou il n'existe pas. Dans le premier cas, l'aveu unique du prévenu est sans force aux yeux d'une justice éclairée.

*Non auditur perire volens* : c'est ici, Monsieur, le moment de faire valoir l'importance de cette maxime.

« Il est de l'essence de toute confession,
» dit *Quintilien*, que celui qui l'a fait contre
» soi, doit paraître en démence. L'un cède
» à l'impulsion de la fureur, l'autre aux effets

» pernicieux du vin. Celui-ci se trompe dans
» son aveu, et celui-là ne le fait souvent
» que pour se soustraire plus vîte aux tour-
» mens qu'il éprouve. Enfin, ajoute-t-il,
» personne ne peut naturellement déposer
» contre soi, sans un motif quelconque qui
« l'y oblige. »

Puisqu'il n'est pas rare que dans le désespoir d'une situation malheureuse, et même
par un simple dégoût de la vie, un homme
se donne la mort de ses propres mains, il
n'est pas de même impossible que d'autres
cherchent à finir, par le glaive des lois, des
jours qui leur sont à charge. Voici plusieurs
exemples de cette dernière vérité.

Une veuve, fort connue à Issy, était dis-
parue de cette commune depuis quelque
temps. Redoutant pour elle quelque malheur,
la justice était à sa recherche, lorsqu'un inconnu se trouve arrêté comme son meurtrier.
Cet individu faisait si peu de cas de la vie,
que, malgré qu'il fût innocent, il se déclara
néanmoins l'auteur de ce meurtre. Personne
ne déposait contre lui; cependant il fut condamné et exécuté. Deux ans après cet assassinat judiciaire, la veuve reparut dans son
domicile dont elle ne s'était éloignée que par
des motifs du plus grand intérêt pour elle.

Ouvrons maintenant *Charondas*, nous puiserons le fait suivant dans ses réponses, (livre 9 chapitre premier.)

Un mari irrité de la conduite de sa femme trop liée avec un ecclésiastique, la maltraita un soir, pour la détourner de cette désagréable intimité. On entendit cette femme crier au meurtre, ensuite elle se sauva des mains de son époux et disparut. Dès le lendemain, le juge, sur les présomptions résultantes des cris de la femme, du sang qui paraissait avoir été répandu, du feu qui brûloit encore dans le four de la maison, et du trouble de cet homme qui lui avait paru agité et éperdu, le condamna à la question.

Cet infortuné désespéré d'avoir perdu sa femme dont il n'était jaloux que parce qu'il l'aimait avec passion, avoua, sans attendre la torture, qu'il l'avait tuée et qu'il avait ensuite brûlé son cadavre. D'après cet aveu, il fut condamné à mort. Ses parens, qu'un tel arrêt flétrissait, l'obligèrent malgré lui d'en être appelant.

Le condamné, dans ses premières réponses avait dit que sa femme s'était sauvée de ses mains, et qu'il croyait qu'elle s'était retirée chez l'ecclésiastique, cause de leur mésintelligence; mais, recherche faite dans la de-

meure de ce prêtre, on n'y avait point trouvé cette femme, et il avoit même affirmé,
par serment, ne savoir où elle était.

« Comme la cour, ajoute *Charondas*, était
« sur la conclusion dudit procès, où elle pas-
« sait à un interlocutoire, Dieu, souverain
« juge de justice, et premier auteur de vérité
« fait représenter la femme découverte dans
« une maison où l'homme d'église la tenait
« secrètement. Ce monstre prit aussitôt la
« fuite, et le mari qui pardonna à sa femme,
« fut absous à l'unanimité. »

Vous connaissez à présent le danger que
l'on court à condamner un prévenu sur son
aveu, et je me plais à croire que lorsque
cet aveu sera seul, vous n'y porterez
qu'une bien faible attention. En suivant ce
précepte, vous laisserez peut être échapper,
pour un moment, quelques coupables, mais
vous ne contribuerez pas, dumoins, à faire
couler le sang de l'innocent.

« S'il importe, dit *Heïneccius*, aux sociétés
» que les délits ne soient point impunis, il im-
» porte bien plus encore que des innocens
» ne soient point sacrifiés, et qu'on ne fasse
» pas des exemples de ceux qui ne sont
» exposés à l'animadversion publique, que
» parce qu'on admet contre-eux les horreurs

» de la calomnie. »

Cependant, de même qu'il serait trop cruel de condamner un homme sur son simple aveu, de même il serait absurde de ne pas avoir égard à cet aveu réuni et lié à d'autres preuves, alors, d'après *Brissot-Varville*, c'est une forte probabilité qui peut leur donner quelque poids.

« Pour que la confession, ajoute-t-il,
» opère néanmoins cet effet, il faut qu'elle
» soit précise, et non provoquée, qu'elle
» n'ait pas été faite par erreur ou par crainte,
» et que l'accusé fut dans son bon sens lors-
» qu'elle a eu lieu; il faut enfin que les dis-
» positions claires et invariables de plusieurs
» témoins fournissent une lumière qui frappe
» les yeux des Juges. »

Ces derniers signes, Monsieur, pourront vous permettre de vous arrêter à l'aveu ju-diciaire ou non d'un accusé.

Lorsque la preuve de l'existence du délit ne vous aura point été complètement admi-nistrée, quelleque soit la confession du pré-venu, pour peu qu'elle soit à sa charge, ne balancez pas à la rejeter. C'est le sage conseil que donnait aux romains, l'Empereur *Sévère*.

» Ne regardez pas leur disait-il, comme
» des crimes prouvés, ceux qui ne sont avoués

» que par les prévenus, si aucun autre in-
» dice ne vient éclairer votre religion. »

Dans l'hypothèse opposée, attachez-vous
principalement à connaître si cet aveu est
précis, s'il n'a point été provoqué, si l'erreur ou la crainte n'y ont eu aucune espèce
de part, et enfin, si celui qui l'a fait, était
alors sain de corps et d'esprit.

» L'aveu d'un délit devant, de toute nécessité
» entraîner la perte ou de l'existence ou d'une
» partie du bonheur, exige, dit *Filangiery*,
» ou un effort supérieur à l'impulsion con-
» traire de la nature, ou une illusion qui
» laisse voir dans le sacrifice de l'une de ces
» deux choses, l'acquisition d'un bien plus
» précieux. Dans l'un de ces cas, on exige
» donc de l'homme une chose moralement
» impossible ; dans l'autre, on prend pour base
» de son jugement, l'assertion d'un insensé,
» d'un fanatique, d'un homme enfin qui se
» trouve dans la même situation d'ame qu'un
» Suicide qui s'arrache la vie de ses propres
» mains, parce qu'il croit trouver dans la
» perte de l'existence une source de bonheur
« ou le terme de ses maux. »

La conséquence que cet auteur renommé
tire de cette réflexion est que, sous quel-
qu'aspect que l'on veuille considérer l'aveu

d'un accusé , on verra toujours que les lois sont obligées ou de le négliger , ou de n'y attacher absolument aucune force , quand il n'est pas soutenu de preuves. C'est aussi celle que j'en tirerai moi-même dans la persuasion où je suis que mieux instruit sur cette espèce de preuve , vous ne l'admettrez désormais que lorsque vous la trouverez précédée de la réalité de l'existence du délit , et accompagnée au moins de deux témoignages univoques , constans , et irrécusables.

## LETTRE VII.

### PREUVE PAR TÉMOINS.

Nous avons dit que lorsque le corps du délit n'existait pas, il ne fallait s'arrêter ni aux dépositions des témoins ni à la confession de l'Accusé.

Supposons maintenant que le délit existe et que le prévenu ait avoué qu'il en était l'auteur, comme cet aveu joint à la première preuve serait insuffisant pour légitimer une condamnation, il nous faut recourir à d'autres moyens de conviction.

( 59 )

Celui qui nous paraît le plus propre à
la déterminer est , sans-contredit la preuve
testimoniale. Examinons donc cette preuve
avec ce scrupule religieux , qui ne permet
d'admettre comme vrai , que ce qui est évidemment reconnu tel.

La preuve testimoniale tire toute sa force
de ce principe moral que ce qui est attesté
par plusieurs personnes instruites et désintéressées , est véritable. Cette preuve est donc
toujours morale. Alors si elle est complète
elle est regardée en Justice comme certaine ;
mais cette certitude n'est jamais physique,
encor moins infaillible : car il peut arriver
que plusieurs personnes dont rien , en apparence , ne doit faire suspecter la sincérité ,
conviennent cependant entre - elles d'assurer
ce qui n'est pas.

*Gorani* rapporte que le violent désir d'é-
pouser une femme , détermina un Gentil -
homme à accuser son mari d'empoisonne-
ment. Les preuves parurent si claires aux
yeux des Juges que l'innocent succomba.

Quelque temps après , dans une ville d'Al-
lemagne , un seigneur étranger conçut un pro-
jet semblable à celui dont l'exécution venait
d'avoir lieu en Pologne.

Désireux de se venger d'un particulier qui

l'avait insulté, il l'accusa d'un assassinat. Les dépositions des témoins qu'il fit entendre à l'appui de son accusation furent si positives, si concordantes, et si vraisemblables, que ce prévenu fut, comme le premier, déclaré criminel. Heureusement la vérité fut connue avant l'exécution de ce dernier, et du moins la société n'eut point à pleurer sa perte.

Combien d'exemples de ces procès insidieux ne trouve-t-on pas dans le recueil des des causes célèbres, et combien, après les avoir lus, ne doit-on pas redouter cette preuve.

Cependant quelque suspecte qu'elle doive vous paraître d'après cela, il est pourtant indispensable de l'admettre en matière de crime, sans quoi il faudrait se résoudre à laisser les délits presque toujours impunis.

Mais comment l'admettra-t-on? un seul témoignage fera-t-il foi pleine et entière contre l'accusé? deux témoins honnêtes et irréprochables suffiront-ils pour déterminer la conviction du jury contre ou pour ce dernier? telles sont les questions qui se présentent naturellement à notre examen, et dont je vais essayer de vous donner une solution satisfaisante.

Les lois qui font périr un homme sur la déposition d'un seul témoin, dit *Montesquieu*

sont fatales à la liberté. Pourquoi?, parcequ'un témoin qui affirme et un accusé qui nie
font un partage, et il faut un tiers pour le
vuider.

Malheureusement on ne suit pas toujours
dans les tribunaux une règle aussi sage!
en voici une nouvelle preuve.

Deux chefs d'une bande considérable de
voleurs furent il y a environ deux ans, ar-
rêtés, et traduits devant la cour criminelle
de Bruges, département de la Lys. Deux cultivateurs saisis sur la seule déclaration
d'une fille, comme complices des crimes des
deux premiers, subirent la même procédure.
A la suite des débats, ces deux infortunés
déclarés convaincus par le jury de jugement,
furent non seulement condamnés à la marque, mais encore à vingt quatre ans de fers.

Ce jugement allait être exécuté lorsque
les deux brigands contre lesquels on avait
prononcé la peine de mort, demandent à
se réconcilier avec la Divinité, avant d'aller
à l'échaffaud. Deux ministres de la religion
se présentent, et ils leur déclarent que les
deux cultivateurs condamnés à l'infamie ne
sont pas coupables. Ces deux respectables
ecclésiastiques les obligent alors, pour l'ac-
quit de leur concience, de répéter cette

déclaration devant M.ʳ le procureur général de la cour. Ils obéissent, indiquent en même temps au ministère public leurs véritables complices, et font connaître les divers endroits où sont déposés les différents objets volés par eux. On s'empresse aussitôt de s'assurer de la vérité de ces deux déclarations, et elles sont reconnues sincères. Alors réhabilités, pour ainsi dire, dans leur propre estime ces deux criminels marchent avec courage et résignation au supplice, tandis qu'il est sursis à l'exécution de la sentence rendue contre leurs prétendus complices. La fille sur la déposition de laquelle ils avaient été condamnés à la marque et aux fers, est appelée de nouveau. On l'interroge, on la questionne, on la presse, elle se trouble, se coupe, se contredit et finit par avouer que les deux cultivateurs sont innocents des crimes qu'elle leur a imputés, et que le désir de se venger d'eux parcequ'ils l'avaient chassée de leur maison, l'avait portée à ourdir cette horrible accusation.

Notre Auguste Empereur instruit de ces détails, a ordonné que ces malheureuses victimes de la plus atroce noirceur, fussent acquittées par le Tribunal qui les avait condamnées. Il a voulu de plus qu'elles y parussent revêtues des marques honorables de sa bien-veillance.

Il n'est donc , Monsieur, ni sage , ni prudent de condamner sur une déposition isolée.

Mais me dites-vous , quand deux témoins se réunissent pour assurer un fait, et pour en désigner l'Auteur , la preuve est alors complète d'après le vœu même de la loi , et , ce serait , ajoutez-vous , se refuser à l'évidence que de ne pas reconnaître la culpabilité du prévenu.

Sans doute quand on est dans l'impossibilité d'en obtenir davantage , il faut bien s'arrêter aux déclarations de deux témoins. Ne le faites jamais cependant qu'avec la plus grande précaution.

Tous les témoins ne sont pas également croyables. Les hommes qui exercent une profession déshonorante , ceux qui ont déjà été repris de Justice , les femmes ou filles qui ne vivent qu'à l'appui de la prostitution ou du libertinage , les mendians , les insensés , les furieux , les ivrognes d'habitude ne méritent , en général , aucune espèce de confiance de la part de la Justice.

Pour être de même en garde contre les individus passionnés dans leur témoignage , rappelez-vous que la passion quelle qu'elle soit est toujours au-delà de la vérité.

N'accordez pas plus de foi à ceux qui ont eu des sujets de querelle avec l'accusé surtout si ces querelles ont été fâcheuses pour l'un ou pour l'autre.

Soyez enfin des plus circonspects lorsqu'un ou plusieurs témoins ayant été reprochés par le prévenu ou par son défenseur, le Tribunal ordonnera cependant qu'ils soient entendus sauf à avoir tel égard que de raison à leurs dépositions.

« Il est vrai, dit l'auteur d'un essai sur la nature des preuves, que quand une dépo-
« sition est lue ou entendue à telle fin que de
« raison, elle peut contribuer à compléter la
« preuve mais ce n'est qu'autant que cette dé-
« position s'unit à celles d'un témoin au-des-
« sus de tous reproches. Je ne saurais même
« penser que deux témoins l'un irréprocha-
« ble, et l'autre suspect dont la déposition
« n'est lue qu'avec un *Quanta fides*, suffisent
« pour compléter la preuve. Tout ce que je
« puis accorder c'est que deux déclarations à
« telle fin que de raison concordantes avec
« celle d'un troisième témoin irréprochable
« peuvent faire foi, et décider le Juge. Mais si
« toutes les dépositions ne peuvent être lues
« ou entendues qu'avec un *Quanta fides*, je
« regarderai, ajoute cet auteur, la preuve

« comme manquée, en quelque nombre que
« fussent les témoins, parce qu'aucun deux
« ne pouvant séparément faire foi, il serait
« vrai de dire que le fait ne paraîtrait que par
« des dépositions dont aucune n'en assurerait
« la vérité. »

Il est, ainsi que vous le voyez, des dépositions dont la foi est douteuse, comme des présomptions qui laissent de l'incertitude: Des milliers le ces dernières ne sauraient équivaloir à une seule preuve.

Ce n'est pas tout, Monsieur: dans les sentimens dont la force maîtrise l'humanité, l'inimitié d'un témoin contre l'accusé n'est pas la seule chose que vous ayez à craindre. En l'écoutant, lorsque son témoignage est requis, vous devez aussi vous prémunir contre l'amitié qui le lie à l'accusateur ou à l'accusé. Il est j'en conviens affligeant d'avoir à se défier du plus doux nœud qui puisse attacher l'homme à son semblable: n'oubliez pas cependant qu'impassibles comme la loi les Jurés ne doivent être que les indagateurs de la vérité, et que tout ce qui peut l'altérer à leurs yeux ou dans leur esprit, ne saurait leur convenir.

Lorsqu'enfin, il s'agira de discours qu'on voudra vous faire regarder comme autant de crimes, rappelez-vous, je vous en conjure, que les témoignages deviennent alors de nulle valeur.

« En effet, dit Beccaria, le ton, le geste,
« et tout ce qui précède ou suit les différentes
« idées qu'on attache à ses paroles, altère et
« modifie tellement les discours d'un hom-
« me, qu'il est presqu'impossible de les ré-
« péter avec exactitude. De plus, les actions
« violentes et extraordinaires, telles que sont
« les vrais délits, laissent des traces d'elles-
« mêmes dans la multitude des circonstances
« qui les accompagnent ou qui en dérivent ;
« mais les paroles ne restent point, si ce
« n'est dans la mémoire presque toujours in-
« fidèle et souvent séduite de ceux qui les
« ont entendues. Il est donc bien plus fa-
« cile de fonder une calomnie sur des pa-
« roles que sur des actions, puisque le nom-
« bre des circonstances qu'on allègue pour
« prouver les actions, fournit à l'accusé plus
« de moyens de se justifier. »

Instruit de cette manière, quelle attention n'allez vous point prêter désormais à
l'audition des témoins. Ne vous arrêtez pas
au nombre des témoignages : le juge ne doit
point les compter, mais les péser. C'est dans
leur sincérité reconnue et dans les lumières

qu'ils peuvent fournir, qu'il est essentiel de chercher la vérité.

Après vous avoir parlé du danger d'accorder votre confiance aux rapports de certaines personnes, occupons-nous maintenant de connaître celles dont le témoignage méritera que vous y ajoutiez foi.

Pour s'appuyer sur le témoignage des hommes, pour pouvoir prononcer d'après lui, il faut être certain 1°. que ces témoins ne veulent point en imposer : 2°. qu'ils n'ont pas été trompés eux-mêmes.

Ainsi la foi due au témoin doit être mesurée sur l'intérêt qu'il a de dire ou de ne pas dire la vérité, ensuite, sur sa capacité et le degré de son intelligence.

» Si je pouvais m'assurer, a dit un écrivain
» célèbre, qu'un témoin a bien vu et qu'il
» voulût me dire la vérité, son témoignage
» deviendrait infaillible pour moi. Cependant
» ma persuasion ne serait pas complète tant
» que ce témoignage serait unique. Mais si
» ce que je chercherais envain dans celui-ci,
» je le trouvais dans le concours de plusieurs
» autres témoignages semblables, je pourrais,
» en conséquence des lois que suivent les
» esprits, assurer que la seule vérité a pu
» réunir tant de personnes dont les esprits sont

» si divers et les passions si opposées. »

» C'est donc, ajoute-t-il, dans le caractère
» de chaque témoin qu'on pourra trouver la
» preuve de sa véridicité. Il doit être cru
» s'il n'a point d'intérêt à tromper. »

C'est également, disons-nous, dans le rap-
prochement de ces divers témoignages qu'on
pourra, s'ils sont semblables, ou s'il peuvent
former une chaîne de faits suivis, trouver la
la vérité du fait que l'on veut découvrir.

En vous dirigeant, Monsieur, d'après ces
principes, vous vous tromperez rarement, et
toujours sans aucun risque pour l'innocence.
Il est d'autres moyens cependant que vous
ne devez pas négliger.

Quoique la condition, la fortune, le rang
du témoin ne soient pas toujours une preuve
assurée de la sincérité de sa déclaration, il
ne faut pour tant pas négliger de connaître
l'état de la personne qui depose.

En effet un homme riche, élevé en dignité est moins facile à suborner et à cor-
rompre que celui dont la misère est le partage ici bas.

Le premier tient, en général, à l'opinion,
parcequ'elle fait ou défait les réputations à
son gré.

Le second, au contraire, pressé journellement par le besoin, s'embarasse fort peu de ce qu'on pensera de lui, pourvu qu'il vive.

Il est clair, par conséquent que le premier témoignage méritera plus de confiance que le second, parce qu'il y a tout lieu de penser qu'il ne sera point intéressé, et que l'intérêt qu'a un temoin de dire ou de faire telle ou telle chose doit nécessairement le rendre suspect de partialité.

Voulez-vous ensuite vous assurer de l'entière vérité de ce témoignage, examinez avec soin, s'il est clair, positif, ferme et concluant.

Clair ; c'est-à-dire exempt de toute espèce d'équivoque ; car pour peu que vous y apperceviez de louche soit sur la nature du délit, soit sur la personne de l'accusé ou de ses complices, ne balancez point à le rejeter comme nul.

Positif ; c'est-à-dire indiquant de la manière la plus directe le délit et son auteur.

Fermé ; c'est-à-dire constant, et sans aucune vacillation, parce que tout témoin qui vacille n'est pas sûr de la sincérité de son témoignage, et que le doute qu'il laisse appercevoir ne peut faire regarder comme une vérité ce qu'il n'ose lui-même avancer comme telle.

Concluant enfin ; c'est-à-dire si évident qu'il vous soit impossible , après l'avoir entendu , de croire que le délit n'existe point , et que l'accusé n'est pas évidemment convaincu d'en être l'auteur.

Certain que ce témoignage réunit les quatre conditions précédentes et qui sont tellement indispensables que l'absence de l'une d'elles suffit pour le priver de toute espèce de mérite, si d'autres parfaitement semblables viennent se joindre à lui , soit que vous condamniez , soit que vous absolviez , soyez sans inquiétude. J'ose vous garantir que votre décision n'en sera pas moins sage dans l'un ou l'autre cas.

Cette lettre , Monsieur , est déjà bien longue : cependant , pour ne pas revenir sur cet objet , permettez moi d'y ajouter quelque chose sur les témoins nécessaires.

Cette espèce de témoins est , je le sais , moins dangereuse aujourd'hui qu'autrefois , parcequ'alors l'accusé était, en quelque sorte , privé des droits de la défense naturelle ; cependant la preuve qui peut résulter des déclarations de pareils témoins n'est pas encore sans inconveniens , et je vous conseille de ne l'admettre qu'à votre corps défendant.

On ne l'emploie presque jamais , disent

les criminalistes , que dans les quatre circonstances suivantes.

1.º Quand les délits ont été commis dans
l'intérieur d'une maison ;

2.º Quand les délits ont été commis dans
un lieu écarté ;

3.º Quand les délits ont été commis dans
les ténèbres ;

4.º Enfin , quand ces délits sont atroces.

Dans ces divers cas , suivant eux, on reçoit
également le témoignage de toute sorte de
personnes, des parents , des domestiques, et
même des individus qui notés d'infamie ne
peuvent être valablement entendus dans aucune circonstance.

Ainsi, par exemple , *dit Pastoret* ( dans
son ouvrage sur les lois pénales ) quand la
justice devrait oter sa confiance aux témoins
mêmes les plus irréprochables , elle en fait
don aux témoins les plus reprochables ; et
lorsqu'elle rejète les témoins suspects dans
les accusations où leurs dépositions ne peuvent coûter à l'accusé qu'un peu d'argent,
elle les admet dans les accusations où ces
mêmes dépositions peuvent coûter à l'innocence , l'honneur et la vie. Quelle contra-
diction !.... disons plus quel renversement
de toutes les idées vraiment libérales !.....

Combien une pareille manière de juger doit
être désastreuse !....

La nécessité de punir les crimes dòit l'em-
porter, dit-on, sur toutes les autres considé-
rations; voici ce que répond à cet égard l'é-
loquent avocat général *Dupaty*.

» Si en admettant des témoins suspects ,
» si en choisissant des preuves inconsidé-
» rément et au hazard, vous faites périr un
» innocent, le crime sera-t-il moins impuni?
» si les témoins nécessaires sont des témoins
» valables, pourquoi ne pas les admettre dans
» toutes les causes? s'ils sont suspects, pour-
» quoi ne pas les rejeter dans toutes? »

» Qu'on ne vienne pas à présent, dit-il,
» m'allarmer sur le danger auquel on serait
» exposé dans sa propre maison , ou dans
» un lieu écarté, sans pouvoir obtenir ven-
» geance de la violence qu'on aurait éprouvée,
» si l'on rejetait la preuve qui résulte de la
» déposition des témoins nécessaires; je ne
» sais si ce danger ne serait pas égal en ad-
» mettant cette preuve : car le vrai moyen
» de montrer la frivolité de toutes ces hyp-
» pothèses, c'est d'en prendre le contre-
» pied. »

» Ainsi, continue-t-il, j'irai dans une maison
» pour des affaires d'intérêt, pour réclamer

» le paiement d'un billet, d'une dette ; la
» confiance et la bonne foi m'y conduiront ;
» tout-à-coup la famille entière complotera
» de m'enlever mon obligation ou de me
» forcer à faire une quittance ; je résiste :
» elle crie au secours et m'accuse d'être entré
» dans la maison pour voler ou pour assas-
» siner. Ce sont des témoins nécessaires, ils
» déposent, et je suis conduit à l'échaffaud. »

» La doctrine des témoins nécessaires ren-
» drait plus commode et moins périlleux le
» métier des brigands. Au lieu d'aller guéter
» les gens sur les grands chemins, ils les
» attendraient avec beaucoup plus de sûreté
» et beaucoup moins de danger, dans leur
» propre maison. »

» On peut dire la même chose des crimes
» qui se commettraient dans des lieux écartés.
» leurs auteurs, au nombre de deux seu-
» lement, pourraient faire périr encore ceux
» sur qui ils les auraient exercés. »

» Il n'y a pas, comme vous le jugez bien,
» beaucoup plus de sûreté lorsque le délit a
» été commis dans les ténèbres. »

» Qui vous garantira en effet que celui
» qu'on accuse est le véritable criminel ?
» Quelles preuves assez fortes pourra-t-on
» vous offrir de sa culpabilité ? N'aurez-vous

« pas à craindre que les vrais criminels, pour
« détourner les soupçons qui pouraient s'éle-
« ver contre-eux , ne les fassent planer et
« tomber précisément sur un innocent com-
« me dans la malheureuse affaire de l'*An-*
« *glade* et de son épouse. »

« Un domestique du comte de *Montgom-*
« *mery* et un abbé Commensal de cet ac-
« cusateur, tous deux auteurs du vol dont
« furent accusés le mari et la femme , ne
« furent-ils pas la cause évidente de la con-
« damnation de ces infortunés. En vain don-
« ne-t-on, ensuite, à leur justification , tout
« l'éclat , toute la publicité qu'elle devait
« avoir , l'*Anglade* n'en mourut pas moins
« aux galères , et son épouse finit miséra-
« blement ses jours, égarée par la douleur
« et par le désespoir. »

Que d'exemples de ces atrocités judiciaires
ne pourrais-je pas encor vous citer !.... Vous
n'en avez plus besoin, Monsieur, pour vous
défendre désormais, tant contre les preuves
de ce genre, que contre celles dont je vous
ai précédemment entretenu. Nous allons
maintenant nous occuper de la preuve littérale. Soutenez , je vous en prie votre attention. ce qui me reste à vous faire connaître
n'est pas moins intéressant pour vous que ce
que vous connaissez déjà.

# LETTRE VIII.

## DE LA PREUVE LITTÉRALE.

Je n'ai pas besoin de vous dire, Monsieur, que la preuve instrumentale ou littérale est celle qui résulte des pièces par écrit, produites dans un procès - criminel.

Celles qui peuvent être employées comme preuves contre l'accusé sont de deux espèces.

Les unes, dit *Duparc - Poulain*, sont authentiques, les autres sont des écritures privées.

Les authentiques sont celles qui sont souscrites non seulement par les parties contractantes, mais encore par des officiers publics qui, par le caractère et la nature de leurs charges, rendent ces écrits certains.

L'on appelle de ce nom les actes qui sont passés en justice ce qui les a fait diviser, suivant *Muyard de Vouglans*, en judiciaires et en extra-judiciaires.

Sous le nom d'actes judiciaires, en matière criminelle, l'on entend, continue cet auteur, parler principalement des procès-verbaux des

Juges, et des rapports des Médecins, Chirurgiens, et autres gens experts qui ont fait serment en justice.

Les Actes publics extra-judiciaires sont
ceux qui sont passés par les notaires. Toutes
ces pièces font foi d'après *Duparc*, sans aucune vérification, et ne peuvent être détruites
que par l'inscription en faux.

Les écritures privées, au contraire, n'ayant
aucun caractère d'authenticité ne peuvent
faire preuve qu'après la reconnaissance de
l'accusé, ou la comparaison des écritures ou
signatures, en cas de contestation.

Voilà, Monsieur, les principes généraux
sur cette matière ; passons à leur application.

La preuve littérale suffit-elle seule pour
déterminer la conviction, à défaut de la preuve testimoniale ?

Pour bien répondre à cette question, je ne
saurai mieux faire que d'emprunter le langa-
ge de le *Vayer* dans son traité de la preuve
par comparaison d'écritures.

La preuve littérale, dit-il, est celle où le
fait dont il s'agit est prouvé immédiatement
par la foi et par la propre autorité de quelque pièce authentique. Pour faire cette preuve, il faut par conséquent, entr'autres, deux
conditions.

« La première, s'il s'agit d'injures ou de
« conspiration, que la pièce qui sert de ti-
« tre, contienne immédiatement et prouve
« les injures ou la conspiration. Car, si ce ti-
« tre ne contient rien du crime dont il est
« question, et qu'on s'en serve seulement
« pour en tirer des conséquences et des in-
« ductions par conjectures, alors cette preuve
« ne s'appelle plus preuve littérale du crime.
« Ce n'est que la preuve littérale d'une con-
« jecture, et elle même ne forme plus qu'une
« conjecture et un indice.

« La seconde est que la pièce que l'on pro-
« duit fasse foi par son autorité propre; au-
« trement ce n'est point encore une preuve
« littérale. Ce n'est plus la pièce qui prouve
« par elle-même, la preuve vient alors ou
« des témoins, ou des indices qui lui font
« donner créance; et, ainsi, elle tombe en-
« core dans l'espèce de la preuve testimo-
« niale ou conjecturale. »

Donc pour que la preuve littérale puisse
déterminer votre conviction, il faut que le
crime à juger soit d'abord immédiatement contenu dans le titre qui sera mis sous vos yeux;
et qu'en suite ce titre fasse foi par sa propre
autorité comme, par exemple, les actes des
notaires et autres officiers publics ayant ser-

ment en justice. Il faut enfin que ce titre ne soit pas contesté par le prévenu.

Tant qu'il est reconnu par l'accusé, un titre de cet espèce doit, sans doute, faire foi pleine et entière contre lui. Mais s'il en conteste la signature, alors dit l'article 461 du nouveau code, il pourra être réquis de produire et de former un nouveau corps d'écriture. En cas de refus ou de silence, dit la loi, le procès-verbal en fera mention.

Si le prévenu obtempère à la réquisition qui lui en sera faite, il faudra nécessairement appeler ensuite des maîtres écrivains ou experts pour comparer ensemble ou séparément les caractères de la pièce nouvellement produite, aux caractères de celle qui est l'objet et la cause du procès criminel.

Ou les maîtres écrivains et experts en écriture déclareront que la pièce arguée de faux et celle qu'aura requise le juge d'instruction sont de la même main, ou ils déclareront qu'il n'y a aucune ressemblance entr'elles. Dans le dernier cas le parti que vous aurez à prendre ne sera point difficile. L'innocence de l'accusé sera évidente.

Dans le premier cette comparaison d'écriture fera-t-elle une preuve convaincante ? Consultons encore *Le Vayer.*

Je conviens, dit-il, que la comparaison d'écriture est toujours fondée sur un écrit, mais est-ce assez d'un écrit pour faire une preuve par titre ? ne faut-il pas entr'autres, que la pièce dont on veut se servir prouve immédiatement la vérité, et qu'elle fasse foi par son autorité propre ? Or, ajoute-t-il, en toute comparaison d'écritures, le titre qu'il s'agit de vérifier, ne contient pas le plus souvent un seul mot du fait dont il est question. L'on n'en tire des lumières que par, conjectures comme, par exemple, lorsque de la différence ou de la rassemblance des lettres, l'on en veut induire une fausseté; et, quoiqu'il en soit, la pièce que l'on doit vérifier ne fait jamais foi par elle même, puisque, au contraire, il faut toujours qu'elle soit elle-même prouvée, et que son autorité ne se soutient que sur le raisonnement et les conjectures des experts. Donc la comparaison en écriture n'est pas une preuve littérale.

Elle n'est pas non plus une preuve par témoins.

En effet, nous avons dit que la première condition pour former une preuve par témoins, est que le témoin dépose du crime dont il est fait mention dans l'acte d'accusation. Or, dans la comparaison d'écritures, des experts, en qualité d'experts, ne peuvent jamais déposer que de la ressemblance ou de la diversité des écritures qui leur sont représentées. Cette ressemblance ou diversité n'étant pas le crime, ne peut donc être, tout au plus, qu'un indice : par conséquent le rapport des experts atramentaires ne peut jamais former qu'un indice, et les indices n'appartiennent qu'à la preuve conjecturale comme nous le verrons bientôt. Donc la comparaison d'écritures n'est pas une preuve par témoins.

Elle n'est pas enfin, en matière de faux, une preuve complète par indices.

Pour que cette preuve existe, il faut que plusieurs indices, plus clairs que le jour, se réunissent pour la former. Or, la comparaison d'écritures n'en saurait former un.

Sans vouloir anticiper sur cette matière dont nous allons nous occuper sous peu, disons uniquement ce que l'on entend d'ordinaire par indice indubitable et nous verrons la preuve incontestable de notre proposition.

L'indice indubitable est celui qui produit une conséquence nécessaire pour justifier la chose dont il est l'indice.

Supposons donc maintenant, continue *Le Vayer*, supposons deux écritures jugées par

les

les experts, les plus semblales ou les plus
différentes qu'on puisse s'imaginer, s'en sui-
vra-t-il par une conséquence nécessaire que
ces deux écritures seront d'une même main
si elles sont semblables; ou d'une main différente, si elles sont dissemblables? En un
mot, en résultera-t-il une nécessité indispensable de la vérité ou de la fausseté de
ces deux écritures. Si l'une de ces conditions
est nécessaire, je veux dire si c'est une
conséquence infaillible que deux écritures
semblables sont d'une même main et
que des écritures différentes sont de mains
différentes, il faut qu'il n'arrive jamais que
deux écritures de même main soient différentes, et que deux écritures de différentes
mains soient semblables. Car si l'un ou l'autre
des deux arrive quelque fois, il n'y a plus,
je ne dirai pas de nécessité mais même de
sûreté dans cette conséquence: et il y en a
encore bien moins si cela arrive souvent. Car,
enfin, pour faire que ces conséquences soient
véritables, il faut établir en principes que
toute écriture semblable est de même main,
et que toute écriture différente est aussi de
main différente. Or, qui oserait mettre en avant
un tel principe? Peut-on nier qu'il arrive tous
les jours que des écritures de deux mains dif-

férentes soient pareilles, et que des écritures d'une même main soient différentes. Le seul principe qu'on peut donc établir raisonnablement c'est de dire que souvent des écrits d'une même main sont semblables et que, quelquefois aussi, ils sont différents. Mais qui peut tirer une conséquence régulière d'un tel principe? qui a jamais vu argumenter ainsi?

Souvent des fruits d'un même arbre se ressemblent; donc tous les fruits qui se ressemblent sont d'un même arbre.....

Passons plus loin : c'est un principe reconnu que tout signe qui est équivoque ne forme jamais un indice indubitable, et il est équivoque dès que c'est un effet qui peut être imputé à deux causes différentes, et encore plus s'il peut-être imputé à un plus grand nombre de causes. Or, la ressemblance ou la disparité qui se trouve entre deux écritures comparées ne peut-elle pas être occasionnée par différentes causes? ne se peut-il pas faire que ce soit un effet d'une imitation étudiée, aussi bien que l'habitude d'une même main? ne se peut-il pas faire que ce soit l'effet d'une rencontre fortuite de deux personnes qui écrivent d'une même façon? ne se peut-il pas faire que ce soit l'effet d'autant de causes qu'il y a de faussaires capables d'imiter la main

d'autrui ; d'autant de personnes qu'il y en a
de capables d'écrire naturellement de même
sorte , enfin d'autant de rencontres qu'il y en
a qui peuvent diversifier les caractères ? Cette
ressemblance ou cette diversité n'est donc pas
seulement l'effet d'une seule cause mais de
dix mille ; et si cela est , y eut-il jamais un
signe plus équivoque, un indice plus incer-
tain, une conjecture plus trompeuse que la
comparaison d'écritures ?

Mais en admettant contre toute raison
qu'elle fit un indice indubitable , la preuve
que l'on voudrait en tirer n'en serait pas meilleure.

Il faut qu'il y ait non seulement plusieurs
indices indubitables et plus clairs que le jour
mais encore que ces indices soient accom-
pagnés de la preuve testimoniale. Tel est le
sens des lois romaines. Or, dix mille experts,
si la chose était possible , auraient rapporté
contre le prévenu que la pièce qu'il a produite ressemble parfaitement à la pièce arguée
de faux , il n'en résulterait toujours qu'un indice contre lui. Il n'y aurait donc pas de preuve évidente de son crime. Il ne saurait donc
y avoir pour vous, Monsieur , matière à conviction.

Et , quand bien même d'abord l'accusé

aurait reconnu sa signature, ou son écriture, s'il venait ensuite à nier, vous n'auriez pas plus de motif pour le déclarer convaincu. N'existe-t-il pas, aujourd'hui, comme autrefois, des hommes qui s'attachent à contrefaire parfaitement les écritures ? n'en existe-t-il pas qui les contrefont si bien, qu'il est impossible de nier que la contrefaçon égale ce qu'elle a voulu imiter ? on est forcé d'en convenir. Cela admis, n'est-il pas possible que, dans le trouble occasionné par son arrestation, et sa mise dans les cachots, un homme séduit par la ressemblance frappante de l'écriture qu'on lui représente, avec la sienne, convienne qu'il est l'auteur d'une pièce arguée de faux ? Vous ne sauriez me constester cette possibilité. Cet aveu suffira-t-il pour faire condamner cet homme ? Vous le savez déjà, la confession isolée d'un accusé ne peut être admise ni faire preuve contre lui ; donc, en admettant que le prévenu persistât à se déclarer l'auteur d'un faux reconnu, il ne pourrait être, pour cela seul, reconnu coupable,

Mais si deux témoins irréprochables me disent qu'ils reconnaissent la pièce arguée de faux, et qu'ils l'ont vu écrire au prévenu, ne serai-je pas, me demanderez-vous, obligé de condamner ce dernier ?

Gardez-vous en bien, Monsieur ; quoique puissent dire ces deux témoins, la loi qui, dans les autres crimes où la vérité n'est pas si enveloppée d'obscurité s'en contenterait, a considéré que, dans le crime de faux, leurs dépositions n'étaient pas suffisantes. Pourquoi ? parce que, dit encore *Le Vayer*, tout ce que peuvent dire les témoins c'est qu'ils ont vu écrire la pièce dont il s'agit à l'accusé, mais il leur est impossible d'assurer que celle qu'il a écrite en leur présence, soit celle suspectée de faux. La ressemblance ne peut-elle pas les tromper ? Pour qu'on put se décider d'après leur témoignage, il faudrait qu'ils eussent toujours eu cette pièce entre les mains ; ou qu'en la voyant écrire ils l'eussent signée ; ou qu'ils la reconnussent à la signature. Sans cela, ils peuvent déposer de la personne, mais non de la pièce.

Que conclure de tout ce que nous venons de dire sur la preuve littérale ? que la certitude qu'elle peut procurer est extrêmement difficile à acquérir quand il s'agit du crime de faux.

Ne vous décidez donc pas légèrement quand vous aurez à statuer sur des délits de cette

nature. Plus ils seront énormes, plus ils inté-
resseront la société, plus vous devrez être
circonspect dans l'admission des preuves.

Laissez des tyrans tels que *Tibère* et ses
semblables, soutenir que dans les crimes
atroces, les plus légères conjectures suffisent
pour les prouver. L'humanité, l'honneur, et
la loi vous crient sans cesse le contraire, et
je suis trop sûr de votre cœur, pour croire
que vous serez sourd à leurs cris.

Soyez équitable c'est tout ce que notre Auguste Empereur exige de vous ; et pour peu
que vos décisions ne choquent pas ouverte-
ment la raison, il vous tiendra toujours compte des efforts que vous ferez pour seconder
sa justice.

## LETTRE IX.

### DES INDICES, DES CONJECTURES, ET DES PRÉSOMPTIONS OU DE LA PREUVE CONJECTURALE.

» Le pays des conjectures, dit *Cochin*,
» est entrecoupé de mille routes obscures
» dans lesquelles on se perd et on s'égare

» sans cesse. L'un est touché d'une circons-
» tance à laquelle l'autre est insensible.
» Souvent ces circonstances se combattent
» les unes et les autres. L'une paraît favo-
» riser un parti, l'autre semble lui être con-
» traire. On s'épuise en raisonnement pour
» les faire valoir, et tout le fruit de ces
» recherches hasardées est d'avoir enveloppé
» la vérité de tant de nuages qu'elle devient
» inaccessible à la justice. »

Nous voici, Monsieur, enfoncés dans les routes peu battues de ce pays embarassé. Comment en sortir? Comment surtout faire percer la vérité? Quelle règle suivre enfin pour acquérir la certitude qu'un prévenu est l'auteur du crime dont il est accusé?

» Des indices, suivant *Pastoret*, quelque
» multipliés qu'ils soient, n'attestent qu'une
» vraisemblance ou la possibilité, jamais la
» vérité ou l'existence. Un indice est une in-
» certitude. Cent indices donnent cent incer-
» titudes; et cent incertitudes ne donnent pas
» plus une certitude, que cent sophismes ne
» forment un bon raisonnement. »

Ce n'est donc pas dans les indices que nous trouverons la preuve de la culpabilité.

Sera-ce dans les conjectures? mais des conjectures ne sont pas des preuves, et l'on ri-

rait justement de celui qui raisonnerait ainsi :

Je conjecture que *N.* est auteur de tel crime , donc il n'y a que *N.* qui puisse l'avoir commis.

Les présomptions enfin sont dans le même cas. L'iniquité ne se présume jamais , elle se prouve.

Nous sommes donc aussi peu avancés qu'en commençant. Nous voyageons toujours sur une mer d'incertitudes , sans boussole et sans guides. Afin cependant d'éviter le naufrage , examinons avec soin ce que les criminalistes entendent le plus ordinairement par indices , conjectures et présomptions.

« Ce qu'on nomme indice , dit *Gabriel.*,
« est un point connu qui parait pouvoir
« conduire à la découverte de ce qui est
« ignoré , et d'où l'on peut partir pour en
« faire la recherche. »

« Une conjecture est une probalité fondée
« sur un ou plusieurs points connus qui
« donnent une entière possibilité et quel-
« qu'apparence de réalité à ce qu'on soup-
« çonne. «

« Une présomption est une conséquence
« tirée d'un ou plusieurs points connus, qui
« ne démontre pas évidemment ce qui est,
« mais annonce ce qui vraisemblablement
« doit être.

« Ainsi, ajoute-t-il, les pas imprimés sur
« la neige ou sur la terre qui conduisent du
« lieu où a été commis le crime à une maison
« ou à une forêt voisine , sont un indice que
« le coupable s'y est refugié, propre à guider
« ceux qui cherchent l'auteur de ce crime;

« Ainsi, lorsque l'ami d'un Offensé a porté
« à l'auteur de l'offense une lettre cachetée
« contenant un cartel, c'est une conjecture
« que cet ami est complice du duel qui
« a suivi;

« Ainsi, enfin, si au moment qu'un meur-
« tre a été commis on arrête près du cadavre
« un homme dont les mains , l'épée ou les
« habits sont ensanglantés , c'est une présom-
« ption qu'il est le meurtrier. »

« En résumé : l'indice n'apprend rien par
« lui-même ; il met seulement sur la voie qu'il
« faut suivre pour apprendre quelque chose.

« La conjecture ne forme qu'un léger dou-
« te sur lequel il serait d'autant plus témé-
« raire de fonder un jugement sévère que dans
« les cas douteux, tout doit-être interprété
« en faveur de l'accusé. »

« La présomption ajoute la vraisemblance
« à la possibilité ; mais en augmentant le
« soupçon elle ne montre encore rien d'assuré.

Donc les indices, les conjectures , et les

présomptions ne sont pas des preuves.

Cependant parmi les règles qu'on est obligé de suivre dans les matières criminelles, sur-tout lorsqu'il s'agit de l'honneur et de la vie des hommes, la première et la plus essentielle est, qu'il n'est jamais permis de condamner des accusés sans preuves légitimes et portées jusques à la conviction. Donc la preuve conjecturale étant toujours imparfaite n'est pas suffisante par elle-même pour déterminer une condamnation.

Il est vrai que les présomptions sont admises quand il est question d'établir la vérité des faits : mais, selon les lois elles n'acquèrent le dégré de preuves suffisantes qu'autant qu'elles peuvent produire une certitude aussi parfaite que les preuves mêmes ; et que les circonstances qui en résultent sont aussi claires que le jour. Pour avoir néanmoins ce caractère d'évidences, il faut qu'il y ait une liaison nécessaire entre le fait qui forme la présomption et le crime qu'il faut prouver, en telle sorte que l'un étant certain, il soit impossible que l'autre ne soit pas véritable. Toute autre espèce d'indice ne forme qu'une conjecture, une probabilité, un soupçon plus ou moins vraisemblable. Arrêtons-nous donc, Monsieur, aux présomptions puis-

qu'elles seules sont de nature à pouvoir établir la preuve conjecturale dont vous pouvez
avoir besoin.

   « Ces présomptions, suivant le docte et
» judicieux *Domat*, étant des conséquences
» qu'on tire des faits connus au fait dont il
» faut chercher la preuve, elles sont sûres
» ou douteuses à proportion que la liaison
» des faits connus au fait inconnu est sûre
» ou douteuse ; et, comme il y a des faits
» dont la liaison à d'autres est indubitable, il
» y a aussi des présomptions qui forment
» des preuves certaines et indubitables : mais
» celles qui ne sont fondées que sur des faits
» dont la liaison est incertaine, ne font pas
» des preuves. »

   « La présomption sera certaine, ajoute
» ce jurisconsulte célèbre, s'il est prouvé que
» deux hommes s'étant querellés, l'un ayant
» l'épée nue a suivi l'autre qui fuyait, et
» que celui-ci s'étant sauvé dans une mai-
» son, celui-là y soit entré après lui, et en
» soit sorti l'épée ensanglantée. L'homme pour-
» suivi de cette manière se trouvant blessé
» d'un coup d'épée dans cette maison, où
» personne ne s'est trouvé, tous ces faits
» ensemble emportent la preuve que c'est cet
» agresseur qui a tué cet homme, et quoique

» personne ne l'ait vu tuer, il suffit qu'on
» ait vu le mouvement de l'agresseur avec
» l'épée nue, la poursuite et l'entrée dans
» la maison, la sortie avec l'épée sanglante,
» la mort du blessé, la maison vuide d'autres
» personnes ; car ces faits prouvés ont une
» liaison naturelle et nécessaire avec le seul
» qui soit à prouver, c'est-à-dire, que c'est
» cet homme qui a porté le coup que per-
» sonne n'a vu donner. »

La présomption sera incertaine, continue-t-il, s'il est prouvé qu'un homme soit trouvé seul auprès d'un cadavre sur le grand chemin ; car il peut être survenu après le fait du meurtrier, et sa présence n'ayant pas une liaison nécessaire à l'homicide, la présomption demeure incertaine et ne fait pas une preuve incontestable.

Ces deux exemples vous prouvent que les présomptions peuvent être sûres et indubitables ou douteuses et incertaines.

Elles sont sûres, je le répète, lorsqu'elles sont telles qu'elles forment une preuve entière et parfaite, et que, sans que personne ait vu le fait dont on cherche la vérité, on peut s'assurer qu'il est arrivé lorsque l'on voit ses causes, ses effets, ses suites et les autres faits qui en sont inséparables et qui y sont

( 93 )

tellement liés qu'on ne peut supposer que ce
fait ne soit pas arrivé lorsqu'on voit les autres.

Ainsi l'accouchement sera , non la présomption , mais la preuve certaine de la foi-
blesse d'une fille. Au contraire la présence
du lait dans ses seins ne sera point une conséquence nécessaire de son commerce avec
un homme , parce qu'il est reconnu en médecine , que plusieurs maladies négligées peuvent donner occasion au gonflement des ma-
melles et à l'apparition du lait ou d'une li-
queur blanchâtre que l'on prendrait souvent
pour lui, si l'on n'y faisait pas une certaine
attention.

Il suit de ces remarques que , comme les
présomptions dépendent du jugement qu'on
doit faire de la nécessité ou de l'incertitude
de la liaison des faits connus au fait inconnu
et dont on cherche la vérité , elles dépendent
par conséquent, du discernement des causes
dont on peut conclure ou ne pas conclure
cette liaison.

S'il faut peu de lumières pour reconnaître
la vérité d'un fait quand il est prouvé ou par
ceux qui l'ont vu, ou par un écrit authentique et non contesté , il en faut au contraire
beaucoup dans les occasions où l'on est obligé de juger par présomptions pour distinguer

celles qui sont douteuses de celles qui sont
sûres. Que d'erreurs cruelles n'a-t-on pas commis en les adoptant inconsidérément !.... Un
homme voulait se défaire de son ennemi. Il
avait également une haine violente contre son
curé, pasteur vertueux. Ce scélérat avait plusieurs fois examiné avec soin l'endroit où ce
ministre de la réligion déposait d'habitude et
sa soutane et son rabat. Un soir, sachant que
celui qu'il voulait assassiner devait se rendre
en un lieu écarté, il va secrètement chez le
Curé chercher ces deux effets de déguise-
ment. Il s'en couvre, et sous ce voile respec-
table court exécuter le crime qu'il méditait
depuis long-temps. Cet assassinat consommé,
il remet aussitôt l'habit sacerdotal où il l'avait
pris, et dénonce l'écclésiastique en assurant
qu'il l'a vu commettre ce crime affreux. Le
prêtre est arrêté sur cette dénonciation, on
visite sa demeure, la soutane et le rabat sont
trouvés tachés de sang. Envain cet homme
recommandable par la dignité de ses fonctions
soutient qu'il n'est pas coupable ; il ne peut
aux yeux de son juge détruire aucune des présomptions qui s'élèvent contre lui ; et, condamné au dernier supplice, il termine sur
l'échaffaud, une vie pleine de mérite et de
bonnes œuvres.

Le second exemple que j'ai à vous citer est aussi frappant que le premier. Il vous démontrera de plus en plus le danger de la preuve conjecturale.

Une femme de Saint - Omer, âgée de soixante ans, d'un embonpoint extraordinaire et fort adonnée à l'usage des liqueurs fortes dont elle se gorgeait presque journellement, fut, le vingt-sept juillet 1770, trouvée morte dans sa chambre, et couchée sur un coffre dont les angles étaient fort aigus. Lors de cette découverte il était environ sept heures du matin. Son fils et sa belle-fille avec qui elle avait eu précédemment quelques discussions, furent accusés de l'avoir assassinée. Le procès-verbal des chirurgien et médecin, fait le lendemain à trois heures après midi, c'est-à-dire trente-deux heures après l'événement constata que les meurtrissures, le gonflement de la tête, le sang extravasé sous la peau du visage, le sang caillé du nez qu'ils avaient remarqués en examinant cette femme, avaient été occasionnés par un corps contondant ou par une chûte. Ces deux rapporteurs ajoutèrent qu'ils avaient trouvé toutes les parties du corps dans leur état naturel, et prétendirent que les accidens précités ne pouvaient avoir eu lieu que par quelques coups, chûtes, ou compressions ; qu'il s'en suivait conséquemment que ladite femme n'avait succombé qu'à la suite d'une hémorragie occasionnée par une plaie qu'elle avait à l'œil , ou d'une suffocation qui lui avait donné la mort.

Sur un rapport aussi peu concluant , dit *Fodéré* , chirurgien de Marseille , et d'après quelques semi-preuves ou présomptions , le Conseil supérieur d'Arras , condamna le fils et la belle-fille de la défunte au supplice de de la roue. Ce supplice eut son exécution pour le malheureux *Mont-Bailly* , mais il fut heureusement différé pour son épouse enceinte. Cette infortunée fut acquitée ensuite , d'après une consultation savante du célèbre *Louis* , chirurgien de Paris , qui démontra l'innocence de ces deux époux.

Après avoir eu connaissance de ces deux anecdotes positives ; quel est le juré qui osera , sans trembler , se décider sur des présomptions ? Qui pourra se promettre de ne pas se tromper dans une matière aussi délicate ? Ce ne sera point , sans doute , un être sensé ; il se tiendra , j'en suis sûr , en garde contre les surprises , mais il ne répondra point de son infaillibilité. L'humanité est sujette à l'erreur. Pour vous défendre , s'il m'est possible , de ses attaques, je vais continuer ce chapitre intéressant.                    Un

« Un crime, dit *Brissot-Varville*; est un
» hiéroglyphe. Pour avoir trouvé une clef
» probable, est-on certain d'avoir trouvé la
» véritable? Ainsi un faisceau de présomp-
» tions marque qu'une chose a pu être faite
» mais non pas qu'elle a été infailliblement
» faite. Ainsi par le canal de ces présomp-
» tions on parvient quelquefois à saisir la
» vérité; mais on ne la saisit pas toujours
» infailliblement; on est constamment plus
» près de la vraisemblance que de la réalité.
» On ne peut se reposer sur des présomp-
» tions pour fixer son jugement. »

« Une chose, si l'on en croit *Voltaire*;
» ( Essais sur les probabilités en justice ) est
» vraie ou fausse. Vous êtes certain ou incer-
» tain. L'incertitude étant presque toujours
» le partage de l'homme, vous vous déter-
» minerez donc très-rarement si vous attendez
» une démonstration. »

Que conclure de ce qui vient d'être dit ?
c'est, je le répète, dussé-je vous fatiguer en
le faisant, que dans la preuve conjecturale
tout se réduit à savoir si une chose plus ou
moins probable, plus ou moins vraisemblable, offre le caractère d'évidence nécessaire
pour forcer la conviction. Non certes : tout
ce qui n'est pas évident n'est pas une preuve

Z

en matière criminelle, donc la preuve conjecturale qui se tire toute entière de la probabilité ou de la vraisemblance n'en est pas une pour des Jurés de jugement.

Dans le civil, il est vrai, quand il s'agit d'expliquer un testament équivoque, ou une clause ambigue d'un contrat de mariage, il faut que le juge décide; et alors la plus grande probalité le conduit. Dans ce cas il n'est question que d'argent. Mais quand il s'agit de l'honneur ou de la vie d'un citoyen, quand ce citoyen est accusé d'un crime, il n'est pas évidemment nécessaire qu'il soit livré à l'exécuteur des jugemens sur la grande probabilité, sur de fortes présomptions. Il est possible qu'il vive sans troubler l'harmonie de l'état. Il se peut que vingt apparences contre lui soient balancées par une seule en sa faveur. C'est là le cas, dit *Brissot*, de la doctrine du probabilisme.

» En un mot, ajoute-t-il, quand il y aurait
» cent à parier contre un qu'un homme est
» coupable, il ne doit pas pour cela être
» condamné, parce qu'un peut gagner contre
» cent. »

Dans cette matière, tout est donc doute et incertitude. Soyez donc, je vous en prie, Monsieur, soyez on ne peut pas plus difficile sur l'admission de ce dernier genre de preuves.

N'oubliez pas que le véritable coupable n'est pas celui qui est accusé, mais celui qui est convaincu.

Ne perdez jamais de vue que, dans le doute, il vaut mieux laisser le crime impuni que de perdre un innocent.

De telles vérités ne sauraient être trop redites : il serait même à désirer qu'elles fussent si bien gravées dans la mémoire de toutes les personnes qui peuvent être appelées à exercer les fonctions de Jurés, que jamais elles ne pûssent ni ne voulussent s'en écarter.

Après vous avoir entretenu des preuves, en général, et de chaque espèce de preuves en particulier; après vous avoir fait remarquer les dangers que l'on court à les admettre inconsidérément ; après, enfin, vous avoir prié, supplié, conjuré même de vous dégager de toute prévention avant de monter sur le siége, je ne saurais mieux achever cette lettre qu'en vous invitant à apprendre, à retenir et à vous resouvenir chaque fois que vous serez Juge du fait, de cette belle prière extraite d'un manuel religieux rédigé par le Magistrat *Pascal*, Conseiller au Conseil privé du Roi.

O mon Dieu! Unissez en moi la science à la bonne conscience. Faites que, dans cette occasion, je me fasse remarquer par la prudence de mes conseils et la sagesse de mes prononcés. Donnez-moi toutes les vertus inséparables de la Justice. Accordez-moi la force de protéger les bons, de corriger les méchans, et de purger la société de ceux qui ne peuvent plus que lui nuire. Que les hommes voyent en moi un homme plutôt attentif à les rendre meilleurs, que jaloux de les punir. Ne me laissez jamais capter par l'adulation. Que j'aie la patience et non l'empressement d'écouter. Ne me refusez pas les moyens de bien connaître, de discuter avec intelligence, de distinguer avec facilité, le vrai et le faux, ce qui est permis de ce qui ne l'est pas, et enfin de peser, dans une balance toujours égale, le droit et l'offense. Loin de moi toute dureté sans motif, et toute cruauté indigne d'un Juge.

Ne permettez pas que je prononce sans entendre, et que je regarde comme suffisamment connues, claires, certaines et prouvées les choses que je n'aurai point approfondies, ou qui ne m'offriront que des obscurités à dissiper, des doutes à éclaircir, et des objections à combattre.

Garantissez-moi de toute obsession. Que la loi et non les personnes soit continuellement présente à ma pensée.

Dégagez-moi de toute espèce d'affection, afin que je ne nuise ni ne serve par haine ou par faveur. Que la cause la plus juste et non celle qui m'aura été la plus recommandée, obtienne constamment la préférence que je dois lui donner.

Que le siége où je vais prendre place soit toujours celui de la plus parfaite équité. Que mes décisions en portent tellement le caractère, que les ignorans eux-mêmes en sentent la justesse, et que les pervers en craignent l'application.

Préservez-moi du malheur de voir en appeler à mon esprit moins prévenu des jugemens que j'aurais pu rendre, de crainte que je ne mette mes sentimens privés à la place de mes devoirs publics.

Daignez enfin, ô mon Dieu ! daignez en ce moment m'élever jusqu'à vous pour qu'en achevant ma carrière, je n'aie à essuyer justement ni les reproches de mes semblables, ni ceux encore plus terribles d'une conscience en proie aux remords.

## LETTRE DIXIÈME ET DERNIÈRE.

Dans la lettre relative à l'examen nous n'avons pas dépassé l'article 315 du nouveau code d'instruction. Les articles suivans ce dernier, n'ayant de rapport qu'avec les témoins à entendre avant la clôture des débats, nous nous abstiendrons, Monsieur, d'en parler ; et après avoir résumé tout ce que nous avons dit sur les preuves, nous passerons de suite au dernier paragraphe de l'article 335 du même code. Un simple développement suffira pour vous instruire de ce que vous aurez à faire, quand, une fois, vous vous serez retiré dans la chambre des délibérations.

Avant de chercher à savoir quel est l'auteur d'un délit, commencez, je vous le répète, par vous assurer si le délit existe, et si son existence est complètement prouvée par des procès-verbaux exacts et réguliers, rédigés avec soin par des hommes probes et instruits. Lorsque ces pièces seront vicieuses, soit dans la forme, soit au fond, le délit ne sera point prouvé ; il ne sera donc pas constant : vous n'aurez plus qu'à prononcer qu'il ne vous paraît pas tel pour être débarrassé de tout examen ultérieur.

Dans le cas contraire, c'est-à-dire dès que vous serez bien convaincu de l'existence du corps du délit, occupez-vous de rechercher le coupable.

Si le prévenu qui vous sera représenté a confessé et confesse qu'il est auteur du crime, voyez si aucun motif ne peut l'avoir engagé à faire le sacrifice de sa vie.

Quand sa déclaration sera seule contre lui, ne l'admettez jamais. Mais si elle est précédée de dépositions de témoins, ou de fortes présomptions, regardez-la, alors, comme une forte probabilité, qui cependant, ne doit jamais suffire pour le déclarer convaincu.

Que ce qu'il a dit ou pu écrire avant l'exécution du crime ne soit, en aucune circonstance, pour vous, la démonstration de sa culpabilité.

Ne perdez pas de vue que pour déterminer votre conviction il faut au moins la réunion de deux témoins non suspects dont les dépositions soient évidemment désintéressées, uniformes, et constantes.

Que loin de pouvoir être diminué, ce nombre devra au contraire être augmenté soit en raison de la qualité des témoins , soit en raison de l'importance de l'affaire et de la nature des dépositions.

N'oubliez pas qu'un seul témoin ne peut, par lui-même, former une preuve légale.

Souvenez-vous également que dans les témoignages qui rappellent les discours ou les paroles d'un prévenu, il ne suffit pas que les témoins répètent seulement les mots , qu'il faut encore qu'ils parlent , pour avoir vu et entendu , du ton, du geste , qui ont accompagné ces discours ou ces paroles , et de la circonstance dans laquelle ils ont été prononcés.

Défiez-vous particulièrement des preuves qui vous seront fournies par la voie des témoins nécessaires, et n'en usez jamais qu'avec la plus grande circonspection , parce qu'un témoin nécessaire ne peut être , en général , qu'un témoin suspect dont la déposition par conséquent ne doit point mériter une confiance aussi pleine et aussi entière que celle qu'il faut pour parvenir à l'évidence de la culpabilité.

Toutes choses égales d'ailleurs , ayez sans cesse pour certain que la preuve testimoniale en faveur de l'accusé doit détruire celle qui s'élève contre lui, parce que votre mission n'est pas de punir., mais uniquement de savoir s'il y a lieu de le faire ou de ne le pas faire.

Lorsque vous aurez à juger d'après la preuve littérale, ayez toujours pour principe que dans cette matière, il n'y a de preuve légale qu'une écriture authentique qui prouve immédiatement le crime et son auteur.

Songez que la preuve prétendue émanée de l'accusé soit qu'elle soit secrète, soit qu'elle soit imprimée, n'en est jamais une complète.

Rappelez-vous que, si l'écriture n'est pas authentique , la preuve qui résulte de la comparaison des caractères est sujette à entraîner dans une infinité d'erreurs dont vous devez soigneusement vous garder dans l'exercice de vos fonctions.

Si en l'absence de tout autre genre de preuves, vous vous trouvez enfin obligé de prononcer soit sur des conjectures , soit sur des présomptions , dites vous constamment que, pour admettre cette preuve il faut qu'il y ait non seulement plusieurs indices indubitables et plus clairs que le jour , mais encore que ces indices soient fortifiés et corroborés chacun par le témoignage de deux personnes non suspectes.

Voilà, Monsieur, les principes généraux

que vous devez adopter. Il y a sans doute, beaucoup d'imperfection dans mon travail, mais je vous ai indiqué les sources où j'ai puisé mes matériaux et vous suppléerez par vos lumières aux omissions involontaires qui auront pu m'échapper. Je reprends l'explication des articles du nouveau code.

Dès qu'en vertu du dernier paragraphe de l'article 335, le Président de la Cour d'assises aura déclaré que les débats sont terminés, il résumera l'affaire; il vous fera remarquer les principales preuves produites pour ou contre l'accusé, il vous rappelera les fonctions que vous aurez à remplir, et terminera son discours par la position des questions.

Celle résultante de l'acte d'accusation sera ainsi posée :

L'accusé est-il coupable d'avoir commis tel meurtre, tel vol, ou tel autre crime, avec toutes les circonstances comprises dans le resumé de l'acte d'accusation ?

S'il résulte des débats une ou plusieurs circonstances aggravantes non mentionnées dans l'acte d'accusation, le Président ajoutera la question suivante :

L'accusé a-t-il commis le crime avec telle circonstance ?

Lorsque l'accusé aura proposé pour excuse un fait admis comme tel par la loi, la question sera ainsi posée :

Tel fait est-il constant ?

Enfin si l'accusé a moins de seize ans, le Président posera cette question :

L'accusé a-t-il agi avec discernement ?

Comme vous le voyez, d'après ce nouveau mode, le Jury ne sera plus embarrassé par une infinité de questions plus ou moins métaphysiques, souvent trop au-dessus de son intelligence et que, suivant le Comte *Faure*, Orateur du Gouvernement, on vu quelquefois s'élever à six mille.

Peu nombreuses en général, ces questions ne lui prendront plus un temps qu'il emploiera bien mieux à s'assurer de l'existence du délit et de la culpabilité du prévenu.

On a de même supprimé la position de la question intentionelle. Il a été reconnu que cette demande pouvait donner lieu, en diverses occasions, à l'impunité du crime, et cela a suffi pour l'écarter désormais de la procédure.

» Dèsque celui qui a commis une action » défendue par la loi, dit l'orateur du Gou- » vernement, n'a pu ignorer que cette action » était défendue, n'était-il pas absurde d'inter- » roger les Jurés sur l'intention qui l'avait » déterminé.

» Combien de fois n'est-il pas arrivé que
» le Juré ne sachant comment résoudre une
» question si étrange a donné le scandale de
» faire rentrer dans la société celui qui devait
» en être exclu à jamais. Il suffira, ajoute-t-il,
» d'un exemple. »

« Dans une accusation de fabrication de
» fausse-monnaie le jury déclara que le fait
» était constant, que l'accusé en était con-
» vaincu, qu'il avait agi sciemment, mais
» qu'il n'avait pas agi dans le dessein de
» nuire à autrui. Le coupable fut mis en
» liberté. »

» La cause de cette déclaration, conti-
» nue-t-il, ne resta point inconnue. Le Juré
» se disait à lui-même : »

« Il n'est pas douteux que l'accusé s'est
» rendu coupable d'un crime, mais il est pos-
» sible qu'il y ait été déterminé par l'in-
» tention de subvenir à ses propres besoins
» plutôt que par celle de commettre une action
» criminelle. Son dessein réel est impéné-
» trable pour nous. Si l'on s'était contenté
» de nous demander, est-il coupable ? Nous
» eussions répondu oui, sans aucune hési-
» tation. »

Il était donc indispensable de ne plus soumettre cette question au Jury. Que ses par-

tisans ne s'allarment pas néanmoins de cette suppression. Elle n'est ni positive , ni absolue.

« Il est certain, dit le Rapporteur de la
» Commission de Législation, qu'il n'y a pas
» de crime où il n'y a pas eu intention d'en
» commettre un. Mais cette intention se trou-
» vant toujours positivement ou implicitement
» consignée dans l'acte d'accusation qui ser-
» vira de base aux questions , le Juré s'en
» expliquera du moins indirectement en don-
» nant l'affirmative ou la négative sur la ques-
» tion générale. Il est donc inutile de l'in-
» terroger spécialement sur l'intention. Tout
» le monde ainsi peut être satisfait et les
» avantages qui résultent de cette nouvelle
» manière de procéder sont trop marquans
» et trop clairs pour n'être pas sentis géné-
» ralement. »

Le Président de la Cour d'assises après avoir posé les questions les remettra aux Jurés dans la personne du chef du Jury. Il leur remettra en même temps l'acte d'accusation , les procès-verbaux constatant le délit et les pièces du procès autres que les décla-rations écrites des témoins.

Il avertira les Jurés que si l'accusé est dé-claré coupable du fait principal à la simple majorité, ils doivent en faire mention en tête de leur déclaration.

« Il fera retirer l'accusé de l'auditoire.

Les questions ayant été posées et remises aux jurés, ils se rendront dans leur chambre pour y délibérer.

Leur chef sera le premier Juré, sorti par le sort ou celui qui sera désigné par eux, et du consentement de ce dernier.

Avant de commencer la délibération, le chef des Jurés leur fera lecture de l'instruction suivante, affichée en gros caractère dans le lieu le plus apparent de leur chambre.

« La loi ne demande pas compte aux
» jurés des moyens par lesquels ils se sont
» convaincus. Elle ne leur prescrit point de
» règles desquelles ils doivent faire particu-
» lièrement dépendre la plénitude et la suf-
» fisance d'une preuve. Elle leur prescrit
» de s'interroger eux-mêmes dans le silence
» et le recueillement, et de chercher dans
» la sincérité de leur conscience quelle im-
» pression ont faites sur leur raison les preuves
» rapportées contre l'accusé, et les moyens
» de sa défense. »

La loi ne leur dit point : vous tiendrez
» pour vrai tel ou tel fait attesté par tel ou
» tel nombre de témoins : elle ne leur dit
» pas nonplus : vous ne regarderez pas comme
» suffisamment établie toute preuve qui ne

» sera pas formée de tel procès-verbal, de
» telles pièces, de tant de témoins ou de tant
» d'indices. Elle ne leur fait que cette ques-
» tion, qui renferme toute la mesure de leurs
» devoirs : avez-vous une entière conviction ?

» Ce qu'il est bien essentiel de ne pas
» perdre de vue, c'est que toute délibération
» du Jury porte sur l'acte d'accusation ; c'est
» aux faits qui le constituent et qui en dé-
» pendent, qu'ils doivent uniquement s'atta-
» cher ; et ils manquent à leur premier devoir,
» lorsque, pensant aux dispositions des lois
» pénales, ils considèrent les suites que pourra
» avoir, par rapport à l'accusé, la déclaration
» qu'ils ont à faire. Leur mission n'a pas pour
» objet la poursuite ni la punition des délits ; ils
» ne sont appelés que pour décider si l'accusé
» est ou non coupable du crime qu'on lui
» impute. »

En lisant le nouveau code d'instruction,
vous appercevrez aisément que je n'ai fait
qu'en transcrire littéralement les articles depuis le N.º 336, jusqu'au N.º 343 inclusive-
ment. Comme ils n'ont besoin d'aucun développement je vais m'attacher particulièrement à l'instruction dont je viens de vous donner copie. C'est ici, Monsieur, le moment
de vous entretenir avec fruit.

Au premier apperçu il semblerait qu'elle dût détruire et renverser , de fond en comble, les principes posés précédemment ; mais en y réfléchissant , on voit , au contraire , qu'elle les confirme de plus en plus.

« La loi, dit-elle , ne demande pas compte » aux Jurés des moyens par lesquels ils se » sont convaincus.

Elle suppose donc que pour établir leur conviction il leur faut des moyens quels qu'ils soient. Or , ces moyens sont nécessairement les preuves puisque tant que le délit n'est pas prouvé , il ne saurait y avoir de coupable aux yeux de la loi : donc , en matière de crime , vous devez vous attacher aux preuves, par la raison que sans elles , son existence est toujours problématique.

« Elle ne leur prescrit point de règles des- » quelles ils doivent particulièrement faire dé- » pendre, la plénitude et la suffisance d'une » preuve. Elle leur prescrit seulement de s'in- » terroger eux-mêmes dans le silence et le re- » cueillement, et de chercher dans la sincérité » de leur conscience quelle impression ont » faites sur leur raison les preuves portées » contre l'accusé et les moyens de sa défense. »

Sans doute la loi ne pouvait fixer de règles pour servir à la formation de la conviction

des

des Jurés, parce que la liberté d'opinions est de l'essence de leur institution, et que, dès lors, ils cesseraient d'être libres, mais la raison et l'humanité qui doivent toujours les guider dans leurs décisions, leur disent à la fois : il n'y a de coupables que ceux contre lesquels s'élèvent au moins deux témoignages désintéressés, uniformes et constants, faits par des personnes d'une probité et d'une qualité reconnues ; il n'y a de coupables que ceux contre lesquels on représente ou l'on produit soit un acte authentique non contesté, soit plusieurs indices indubitables prouvés chacun par deux dépositions concluantes. Auxquelles vous en rapporterez-vous, ou à la loi qui ne prescrit rien, ou à la raison et à l'humanité qui vous commandent impérieusement de n'admettre comme certain que ce qui est évidemment démontré ? votre choix sera d'autant moins douteux que, tout en refusant de vous tracer des règles, elle vous invite cependant à examiner dans la sincérité de votre conscience, l'impression faite sur votre raison par les preuves apportées contre l'accusé, et les moyens de sa défense.

» La loi ne leur dit point : vous tiendrez
» pour vrai tout fait attesté par tel ou tel
» nombre de témoins. Elle ne leur dit pas

8

» non plus vous regarderez comme suffisam-
» ment établie toute preuve qui ne sera pas
» formée de tel procès-verbal, de telles pièces,
» de tant de témoins ou de tant d'indices.
» Elle ne leur fait que cette seule question
» qui renferme toute la mesure de leurs de-
» voirs. Avez-vous une intime conviction? »

Donc la loi laisse les Jurés parfaitement libres de former leur conviction par tous les moyens qu'ils peuvent se procurer.

Quel est maintenant l'honnête-homme qui ayant ces moyens à sa disposition refuserait d'en faire usage ? Aucun, sans doute ; et je me plais à croire que les annales des Cours d'assises n'en offriront pas un exemple.

Vous devez être à présent convaincu que cette instruction n'est point opposée aux prin-cipes que je vous ai fait connaître antérieu-rement. Son second paragraphe n'ajoute rien à ce que je vous ai dit déjà.

Votre délibération ne doit porter que sur l'acte d'accusation. C'est aux faits qui le cons-tituent et qui en dépendent que vous devez uniquement vous attacher. Vous manqueriez à votre premier devoir, si, pensant aux dis-positions des lois pénales, vous considériez les suites que pourrait avoir, par rapport à l'accusé, la déclaration que vous aurez à faire. Votre mission n'a pas pour objet la poursuite ni la punition des délits ; vous n'êtes appelé que pour décider si l'accusé est ou non coupable du crime qu'on lui impute.

Pardonnez-moi ces répétitions ; l'importance de votre mission est si grande que je préfère le désagrément d'être long et peut-diffus, à celui de ne vous avoir pas indiqué tous les conseils de la loi.

Aussitôt que vous serez entré dans votre chambre de délibération vous n'en pourez plus sortir qu'après que le Jury aura formé sa déclaration.

L'entrée en sera interdite à tout étranger à moins qu'il ne soit porteur d'un ordre par écrit, donné par le Président de la Cour.

Les issues en seront gardées par des gendarmes, et toute contravention à la défense de sortir pourra être punie, par la Cour, d'une amende de cinq cents francs au plus.

L'étranger qui se sera, sans permission, introduit dans la chambre des Jurés pourra être condamné à un emprisonnement de vingt-quatre heures.

C'est encore ici l'expression exacte de la volonté de la loi. Les motifs de ces défenses sont trop palpables. Il est clair que dès que les Jurés se sont retirés dans leur chambre ils ne doivent plus communiquer avec le dehors avant d'avoir terminé leur délibération, afin que l'on ne puisse pas dire que, dans l'intervalle de leur sortie à leur rentrée, ils ont été influencés.

Après l'examen soigné de l'acte d'accusation et des pièces qui vous auront été remises, votre première obligation sera de délibérer sur le fait principal et ensuite sur chacune des circonstances mentionnées dans l'acte d'accusation.

Lorsque vous et vos collégues Jurés vous croirez suffisamment instruits, votre chef vous interrogera d'après les questions posées, et vous répondrez tous individuellement, ainsi qu'il suit.

1.º Si vous pensez que le fait n'est pas constant ou que l'accusé n'est pas convaincu, vous direz :

Non, l'accusé n'est pas coupable.

2.º Si vous pensez que le fait est constant et que l'accusé en est convaincu, vous direz :

Oui, l'accusé est coupable d'avoir commis le crime avec toutes les circonstances comprises dans la position des questions.

3.º Si vous pensez que le fait est constant, que l'accusé en est convaincu, mais que la preuve n'existe qu'à l'égard de quelques unes des circonstances, vous direz : oui, l'accusé est coupable d'avoir commis le crime avec telle circonstance, mais il n'est pas constant qu'il l'ait fait avec telle autre.

4.º Si vous pensez que le fait est constant, que l'accusé en est convaincu, qu'aucune des circonstances n'est prouvée, vous direz :

Oui, l'accusé est coupable, mais sans aucune des circonstances.

Il en sera de même, Monsieur, soit que l'accusé ayant proposé pour excuse un moyen admis comme tel par la loi, la question aura été ainsi posée : tel fait est-il constant ? Soit que l'accusé ayant moins de seize ans, on ait demandé : L'accusé a-t-il agi avec discernement ? Oui ou non devra également être votre réponse.

Lorsque six voix seront pour l'accusé, elles l'emporteront sur les six autres, et il sera acquitté :

Après avoir terminé leur opération, les jurés rentreront dans l'auditoire et reprendront leur poste.

Le président leur demandera quel est le résultat de leur délibération. Alors le Chef du Jury se levera : et la main placée sur son cœur, il dira :

« Sur mon honneur et sur ma conscience,
» devant dieu et devant les hommes, la dé-
» claration du jury est : Oui, l'accusé, etc.
» Non, l'accusé, etc. »

Il indiquera, en même tems, le nombre de voix pour ou contre la culpabilité sur le fait principal ou elle n'aura été reconnue que par sept des jurés, ou elle aura obtenu la majorité de huit voix.

Dans la première hypothèse, comme l'accusé n'aura été déclaré convaincu qu'à une simple majorité, les juges délibéreront entre-eux, sur le même point, et si quatre ou un plus grand nombre se réunissent aux cinq jurés qui auront déclaré la non-culpabilité sur le principal, ces voix jointes aux cinq en minorité excédant celles qui auront prononcé contre l'accusé, ce dernier sera acquité. Il le sera avec d'autant plus de raison qu'il aura obtenu en sa faveur ou la majorité ou même plus que la majorité absolue, par conséquent cette disposition de la loi ne servant que lorsque le prévénu aura été déclaré coupable, et non quand il aura été innocenté, loin de lui être défavorable, sera toujours, au contraire tout à son avantage.

Dans la seconde hypothèse, si le prévenu a huit voix contre lui, ce nombre, étant ce-

( 119 )

lui des deux tiers de celles des Jurés donne-
ra la majorité absolue , et il sera condamné.

La déclaration du Jury sera signée par le
chef et remise par lui au président, le tout
en présence des Jurés.

Le Président la signera , et la fera signer
au Greffier.

La déclaration du Jury ne pourra jamais
être soumise à aucun recours.

Cependant, si hors le cas prévu par l'article 351 du code d'instruction criminelle, les
Juges sont unanimement convaincus que les
Jurés , tout en observant les formes, se sont
pourtant trompés au fond, la Cour, sans que
personne ait le droit de provoquer cette mesure , et immédiatement après que le Jury
aura fait publiquement sa déclaration , pro-
noncera d'office qu'il est sursis au jugement,
et renverra l'affaire à la session suivante, pour
être soumise à un nouveau Jury dont ne pourra faire partie aucun des premiers Jurés.

La Cour sera tenue de prononcer immédiatement après la déclaration du second Jury , même quand elle serait conforme à la
première.

Vous connaissez maintenant , Monsieur,
toutes les dispositions de la nouvelle loi relative aux Jurés. Pour ce qui les concerne,

je n'ai rien changé aux expressions mêmes du code. Il vous est donc facile de vous assurer que tout dans la nouvelle organisation du Jury a été calculé et combiné en faveur de l'accusé. Les précautions que l'on a prises pour donner à cette institution la meilleure forme possible, la simplification des questions, l'intervention des Juges pour la condamnation dans le cas de simple majorité sur le fait principal, offrent des améliorations si frappantes que l'on a tout lieu d'espérer qu'elles seront de plus en plus, confirmées par l'expérience.

Grâces soient donc rendues au Génie puissant dont les sublimes conceptions s'étendent à tout ce qui peut contribuer au bonheur des hommes !.... Si la victoire toujours fidelle à ses aigles orne son front majestueux des rayons de la gloire, les Codes savants et multipliés qu'il nous a donnés seront encore pour lui, des titres bien plus sûrs à l'immortalité.

Je suis, etc.

## F I N.

9 782329 751894